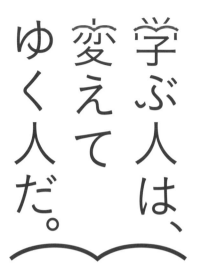

学ぶ人は、
変えて
ゆく人だ。

目の前にある問題はもちろん、

人生の問いや、

社会の課題を自ら見つけ、

挑み続けるために、人は学ぶ。

JN051851

少し

学ぶことができる世の中へ。

旺文社

文部科学省後援

英検® 準2級

でる順パス単
書き覚えノート

改訂版

英検®は、公益財団法人 日本英語検定協会の登録商標です。

このコンテンツは、公益財団法人 日本英語検定協会の承認や推奨、その他の検討を受けたものではありません。

旺文社

はじめに

「単語がなかなか覚えられない」「単語集を何度見てもすぐに忘れてしまう」という声をよく聞きます。英検の対策をする上で，単語学習はとても重要です。しかし，どうやって単語学習を進めればいいのかわからない，自分のやり方が正しいのか自信がない，という悩みをかかえている人も多くいると思います。『英検準2級 でる順パス単 書き覚えノート［改訂版］』は，そういった学習の悩みから生まれた「書いて覚える」単語学習のサポート教材です。

本書の特長は，以下の3つです。

❶「書いて，聞いて，発音して覚える」方法で効果的に記憶できる

❷ 日本語（意味）から英語に発想する力を養うことができる

❸「復習テスト」で単熟語を覚えているかどうか

　自分で確認することができる

単熟語を実際に書き込んで手を動かすことは，記憶に残すためにとても効果的な方法です。ただ単語集を覚えてそのままにしておくのではなく，本書に沿って継続的に単語学習を進めていきましょう。「書いて」→「復習する」というステップを通して確実に記憶の定着につなげることができるでしょう。本書での学習が皆さんの英検合格につながることを心より願っています。

本書とセットで使うと効果的な書籍のご紹介

本書に収録されている内容は，単語集『英検準2級 でる順パス単［5訂版］』に基づいています。単語集には，単語の意味のほかに同意語や用例なども含まれており，単語のイメージや使われ方を確認しながら覚えることができます。また，単語・熟語のほかに会話表現・英作文表現も収録しています。

もくじ

はじめに	2
本書の構成	4
本書の特長と利用法	6
音声について	8
発音記号について	9
学習管理表	10

単語編

でる度 Ⓐ　常にでる基本単語 400
Section 1 **Unit 1** ～ *Section* 4 **Unit 20**　11

でる度 Ⓑ　よくでる重要単語 400
Section 5 **Unit 21** ～ *Section* 8 **Unit 40**　53

でる度 Ⓒ　差がつく応用単語 300
Section 9 **Unit 41** ～ *Section* 11 **Unit 55**　95

熟語編

でる度 Ⓐ　よくでる重要熟語 200
Section 12 **Unit 56** ～ *Section* 13 **Unit 65**　127

でる度 Ⓑ　差がつく応用熟語 200
Section 14 **Unit 66** ～ *Section* 15 **Unit 75**　149

| ワードリスト | 172 |
| さくいん | 177 |

編集協力：株式会社シー・レップス，株式会社鷗来堂　　組版協力：幸和印刷株式会社

装丁デザイン：及川真咲デザイン事務所（浅海新菜）　　本文デザイン：伊藤幸恵

イラスト：三木謙次

本書の構成

単語編

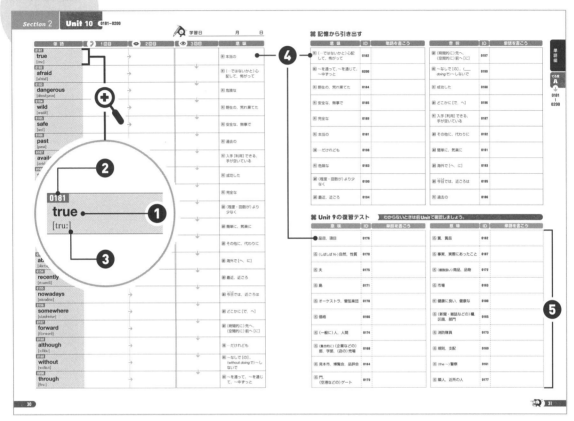

❶ 見出し語

『英検準2級 でる順パス単［5訂版］』に掲載されている単語・熟語です。

❷ 見出し語（ID）番号

見出し語には単語編・熟語編を通して0001～1500の番号が振られています。『英検準2級 でる順パス単［5訂版］』の見出し語（ID）番号に対応しています。

❸ 発音記号

見出し語の読み方を表す記号です。主にアメリカ発音を採用しています。（詳細は p.9 参照）

❹ 意味

見出し語の意味は原則として『英検準2級 でる順パス単［5訂版］』に準じて掲載しています。ただし，同意語や反意語，派生語，用例などは掲載しないなど，一部変更しています。

1 Unit が単語，熟語ともに 20 ずつ区切られており，これが 1 回分の学習の目安となります。

本書の利用法については p.6 以降を参照してください。

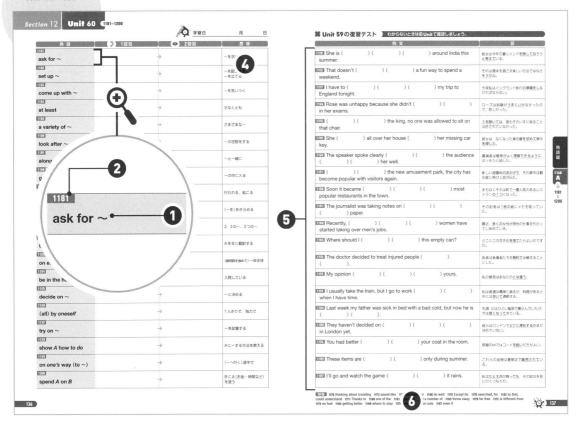

❺ 復習テスト

1 つ前の Unit で学習した単語・熟語の復習テストです。空欄に単語・熟語を記入しましょう。

❻ 復習テスト解答

熟語編の復習テストは下に解答を記載しています。別解がある場合も，原則として解答は 1 つのみ掲載しています。

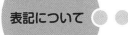

表記について	

動 動詞	名 名詞	形 形容詞	副 副詞
接 接続詞	前 前置詞	代 代名詞	助 助動詞

( ) …… 省略可能／補足説明	[ ] … 直前の語句と言い換え可能
A, B …… *A*，*B* に異なる語句が入る	*do* …… 動詞の原形が入る
one's, oneself … 人を表す語句が入る	*doing* … 動名詞，現在分詞が入る
	to do … 不定詞が入る

本書の特長と利用法

単語編

1 書いて記憶

左欄の「単語」と右欄の「意味」を確認します。1回目は「音声を聞きながら書く」，2回目は「発音しながら書く」，20語分すべて終えたら，3回目は「意味を見て単語を書く」流れになっています。

2 記憶から引き出す

左ページの20語がランダムに並べ替えられています。意味を見て単語を思い出して書きます。左ページで見出し語（ID）番号の一致する単語と意味を見て，答え合わせします。

3 復習テスト

最後に復習テストです。1つ前のUnitの20語の意味がランダムに並べ替えられています。その意味の単語を思い出して書きます。前のUnitで見出し語（ID）番号の一致する単語と意味を見て，答え合わせします。

熟語編

学習日　　月　　日

熟　語	1回目	2回目	意　味
1181 ask for ~	→		~を求める
1182 set up ~	→		~を設立する、~を立てる
1183 come up with ~	→		~を思いつく
1184 at least	→		少なくとも
1185 a variety of ~	→		さまざまな~
1186 look after ~	→		~の世話をする
1187 along with ~	→		~と一緒に
1188 go into ~	→		~の中に入る
1189 take place	→		行われる、起こる
1190 give up (~)	→		(~を)あきらめる
1191 a couple of ~	→		2、3の~、2つの~
1192 translate A into B	→		AをBに翻訳する
1193 on earth	→		(疑問詞を強めて)一体全体
1194 be in the hospital	→		入院している
1195 decide on ~	→		~に決める
1196 (all) by oneself	→		1人きりで、独力で
1197 try on ~	→		~を試着する
1198 show A how to do	→		Aに~する方法を教える
1199 on one's way (to ~)	→		(~へ行く)途中で
1200 spend A on B	→		BにA(お金・時間など)を使う

1

136

Unit 59の復習テスト　わからないときは前Unitで確認しましょう。

例 文	訳
1176 She is ( )( ) around India this summer.	彼女は今年の夏にインドを旅して回ろうと考えている。
1175 That doesn't ( ) ( ) a fun way to spend a weekend.	それは週末を過ごす楽しい方法ではなさそうだ。
1177 I have to ( )( )( ) my trip to England tonight.	今夜私はイングランド旅行の準備をしなければならない。
1166 Rose was unhappy because she didn't ( ) ( ) in her exams.	ローズは試験がうまくいかなかったので、悲しかった。
1170 ( )( ) the king, no one was allowed to sit on that chair.	王を除いて、誰もそのいすに座ることは許されていなかった。
1172 She ( ) all over her house ( ) her missing car key.	彼女は、なくなった車の鍵を求めて家中を探した。
1162 The speaker spoke clearly ( ) the audience ( )( ) her well.	講演者は聴衆がよく理解できるようにはっきりと話した。
1181 ( )( ) the new amusement park, the city has become popular with visitors again.	新しい遊園地のおかげで、その都市は観光客に再び人気が出た。
1163 Soon it became ( )( ) most popular restaurants in the town.	まもなくそれは町で一番人気のあるレストランの1つになった。
1169 The journalist was taking notes on ( ) paper.	その記者は1枚の紙にメモを取っていた。
1185 Recently, ( ) ( ) have started taking over men's jobs.	最近、多くの女性が男性の仕事をやっていてし始めている。
1180 Where should I ( )( )( ) can?	どこにこの空き缶を捨てたらよいのですか。
1171 The doctor decided to treat injured people ( )( ).	医師は負傷者たちを無料で治療することにした。
1172 My opinion ( ) ( ) yours.	私の意見はあなたのものとは違う。
1174 I usually take the train, but I go to work ( )( ) when I have time.	私は普段は電車に乗るが、時間があるときには歩いて通勤する。
1164 Last week my father was sick in bed with a bad cold, but now he is ( )( ).	先週、父はひどい風邪で寝込んでいたが、今は良くなっている。
1168 They haven't decided on ( )( )( ) in London yet.	彼らはロンドンでどこに滞在するかまだ決めていない。
1176 You had better ( )( ) your coat in the room.	部屋の中ではコートを脱いだ方がよい。
1183 These items are ( )( ) only during summer.	これらの品物は夏季限定で販売されている。
1187 I'll go and watch the game ( )( ) it rains.	私はたとえ大雨が降っても、その試合を見に行くつもりだ。

2

解答　**1176** thinking about traveling　**1173** sound like　**1177** get ready for　**1166** do well　**1175** Except for　**1170** searched, for　**1162** so that, could understand　**1171** Thanks to　**1163** one of the　**1181** a piece of　**1185** a number of　**1165** throw away　**1179** for free　**1172** is different from　**1174** on foot　**1164** getting better　**1168** where to stay　**1176** take off　**1183** on sale　**1187** even if

熟語編
でる順
A
1181
～
1200

137

1　書いて記憶

左欄の「熟語」と右欄の「意味」を確認します。1回目は「音声を聞きながら」、2回目は「発音しながら」書きます。意味をイメージしながら書いてみましょう。

2　復習テスト

1つ前のUnitで学習した熟語の例文がランダムに並んでいます。訳文中の下線＋赤字の意味にあたる熟語を思い出して空欄に書きます。すべて解き終わったら、解答で確認しましょう。

● ワードリスト

復習テストでわからなかった単語・熟語をチェックして、巻末の「ワードリスト」に書きためておきましょう。覚えられるまで何度もくり返し書きましょう。

音声について

本書に掲載されている見出し語の音声（英語）を，公式アプリ「英語の友」（iOS/Android）を使ってスマートフォンやタブレットでお聞きいただけます。

● ご利用方法

❶ 「英語の友」公式サイトより，アプリをインストール

 　○ 英語の友　　URL：**https://eigonotomo.com/**

左記の QR コードから読み込めます。

❷ アプリ内のライブラリより『**英検準2級でる順パス単5訂版**』の「追加」ボタンをタップ

⚠ 『**英検準2級でる順パス単書き覚えノート改訂版**』はライブラリにはありません。『**英検準2級でる順パス単5訂版**』を選択してください。

❸ 画面下の「**単語**」をタップして「単語モード」を再生

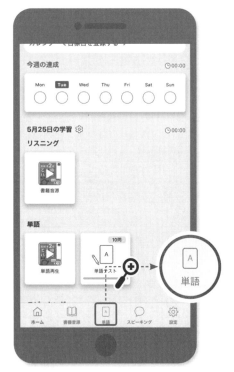

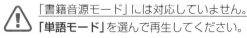

⚠ 「書籍音源モード」には対応していません。「**単語モード**」を選んで再生してください。

※デザイン，仕様等は予告なく変更される場合があります。
※本アプリの機能の一部は有料ですが，本書の音声は無料でお聞きいただけます。
※詳しいご利用方法は「英語の友」公式サイト，あるいはアプリ内のヘルプをご参照ください。
※本サービスは予告なく終了することがあります。

発音記号について

本書で使用している発音記号をまとめました。

※斜体および [(:)] は省略可能であることを示す。

● 母 音

発音記号	例		発音記号	例	
[i:]	eat	[i:t]	[u]	casual	[kǽʒuəl]
[i]	happy	[hǽpi]	[u:]	school	[sku:l]
[ɪ]	sit	[sɪt]	[eɪ]	cake	[keɪk]
[e]	bed	[bed]	[aɪ]	eye	[aɪ]
[æ]	cat	[kæt]	[ɔɪ]	boy	[bɔɪ]
[ɑ:]	palm	[pɑ:*l*m]	[au]	house	[haus]
[ʌ]	cut	[kʌt]	[ou]	go	[gou]
[ə:*r*]	bird	[bə:rd]	[ɪə*r*]	ear	[ɪə*r*]
[ə]	above	[əbʌ́v]	[eə*r*]	air	[eə*r*]
[ə*r*]	doctor	[dá(:)ktə*r*]	[ɑ:*r*]	heart	[hɑ:rt]
[ɔ:]	law	[lɔ:]	[ɔ:*r*]	morning	[mɔ́:*r*nɪŋ]
[ʊ]	pull	[pʊl]	[ʊə*r*]	poor	[pʊə*r*]

※母音の後の [*r*] は，アメリカ英語では直前の母音が r の音色を持つことを示し，イギリス英語では省略されることを示す。

● 子 音

発音記号	例		発音記号	例	
[p]	pen	[pen]	[v]	very	[véri]
[b]	book	[bʊk]	[θ]	three	[θri:]
[m]	man	[mæn]	[ð]	this	[ðɪs]
[t]	top	[tɑ(:)p]	[s]	sea	[si:]
[t̬]	water	[wɔ́:t̬ə*r*]	[z]	zoo	[zu:]
[d]	dog	[dɔ(:)g]	[ʃ]	ship	[ʃɪp]
[n]	name	[neɪm]	[ʒ]	vision	[víʒən]
[k]	cake	[keɪk]	[h]	hot	[hɑ(:)t]
[g]	good	[gʊd]	[l]	lion	[láɪən]
[ŋ]	ink	[ɪŋk]	[r]	rain	[reɪn]
[tʃ]	chair	[tʃeə*r*]	[w]	wet	[wet]
[dʒ]	June	[dʒu:n]	[*hw*]	white	[*hw*aɪt]
[f]	five	[faɪv]	[j]	young	[jʌŋ]

※ [t̬] はアメリカ英語で弾音（日本語のラ行に近い音）になることを示す。

学習管理表

1日1Unitを目安に進めていきましょう。
その日の学習が終わったら下の表の／部分に日付を記入して記録を付けていきましょう。

Unit 1	/	Unit 2	/	Unit 3	/	Unit 4	/	Unit 5	/
Unit 6	/	Unit 7	/	Unit 8	/	Unit 9	/	Unit 10	/
Unit 11	/	Unit 12	/	Unit 13	/	Unit 14	/	Unit 15	/
Unit 16	/	Unit 17	/	Unit 18	/	Unit 19	/	Unit 20	/
Unit 21	/	Unit 22	/	Unit 23	/	Unit 24	/	Unit 25	/
Unit 26	/	Unit 27	/	Unit 28	/	Unit 29	/	Unit 30	/
Unit 31	/	Unit 32	/	Unit 33	/	Unit 34	/	Unit 35	/
Unit 36	/	Unit 37	/	Unit 38	/	Unit 39	/	Unit 40	/
Unit 41	/	Unit 42	/	Unit 43	/	Unit 44	/	Unit 45	/
Unit 46	/	Unit 47	/	Unit 48	/	Unit 49	/	Unit 50	/
Unit 51	/	Unit 52	/	Unit 53	/	Unit 54	/	Unit 55	/
Unit 56	/	Unit 57	/	Unit 58	/	Unit 59	/	Unit 60	/
Unit 61	/	Unit 62	/	Unit 63	/	Unit 64	/	Unit 65	/
Unit 66	/	Unit 67	/	Unit 68	/	Unit 69	/	Unit 70	/
Unit 71	/	Unit 72	/	Unit 73	/	Unit 74	/	Unit 75	/

単語編

でる度 **A** 常にでる基本単語 **400**

Section 1 **Unit** 1 ~ 5
Section 2 **Unit** 6 ~ 10
Section 3 **Unit** 11 ~ 15
Section 4 **Unit** 16 ~ 20

単語	1回目	2回目	3回目	意味
0001 **let** [let]	→			動 (let O *do*で)Oに~させる
0002 **decide** [dɪsáɪd]	→			動 を決心する
0003 **train** [treɪn]	→			動 を訓練する, トレーニングする
0004 **travel** [trǽvəl]	→			動 (を)旅行する
0005 **leave** [li:v]	→			動 (leave O Cで)OをCのままにしておく, を置き忘れる, (を)去る
0006 **park** [pɑːrk]	→			動 を駐車する
0007 **order** [ɔ́ːrdər]	→			動 (を)注文する, (を)命じる
0008 **lose** [luːz]	→			動 を失う, (で)負ける
0009 **move** [muːv]	→			動 引っ越す, を動かす, を感動させる
0010 **pay** [peɪ]	→			動 (を)支払う
0011 **wait** [weɪt]	→			動 待つ
0012 **change** [tʃeɪndʒ]	→			動 を変える, 変わる
0013 **check** [tʃek]	→			動 (を)確かめる, (を)調べる
0014 **build** [bɪld]	→			動 を建てる, を築き上げる
0015 **worry** [wə́ːri]	→			動 心配する, を心配させる
0016 **plant** [plænt]	→			動 を植える, (種)をまく
0017 **practice** [prǽktɪs]	→			動 (を)練習する, を実行する
0018 **care** [keər]	→			動 気にかける
0019 **describe** [dɪskráɪb]	→			動 を描写する
0020 **cost** [kɔːst]	→			動 (費用)がかかる

記憶から引き出す

意 味	ID	単語を書こう
動 (＿＿ O C で) O を C のままにしておく，を置き忘れる，(を) 去る	0005	
動 (を) 支払う	0010	
動 を決心する	0002	
動 (を) 旅行する	0004	
動 を変える，変わる	0012	
動 (を) 練習する，を実行する	0017	
動 (＿＿ O do で) O に〜させる	0001	
動 (を) 確かめる，(を) 調べる	0013	
動 引っ越す，を動かす，を感動させる	0009	
動 (を) 注文する，(を) 命じる	0007	

意 味	ID	単語を書こう
動 待つ	0011	
動 気にかける	0018	
動 を失う，(で) 負ける	0008	
動 を描写する	0019	
動 を植える，(種) をまく	0016	
動 を建てる，を築き上げる	0014	
動 を訓練する，トレーニングする	0003	
動 を駐車する	0006	
動 (費用) がかかる	0020	
動 心配する，を心配させる	0015	

学習日　　　月　　日

単 語	♪ 1回目	👁 2回目	👁 3回目	意 味
0021 **turn** [tə:*r*n]	→			動 進路を変える，変わる， を曲がる
0022 **join** [dʒɔɪn]	→			動 (に)加わる，参加する
0023 **grow** [groʊ]	→			動 成長する，(数量など が)増大する， を栽培する
0024 **save** [seɪv]	→			動 (を)節約する， (を)蓄える，を救う
0025 **win** [wɪn]	→			動 を勝ち取る，(に)勝つ
0026 **pick** [pɪk]	→			動 を摘む，を選ぶ
0027 **believe** [bɪlíːv]	→			動 (を)信じる
0028 **report** [rɪpɔ́ːrt]	→			動 (を)報道する， (を)報告する
0029 **forget** [fərgét]	→			動 を忘れる
0030 **hurt** [hə:*r*t]	→			動 を傷つける，痛む
0031 **borrow** [bɔ́(:)roʊ]	→			動 を借りる
0032 **surprise** [sərpráɪz]	→			動 (受身形で)驚く， を驚かせる
0033 **volunteer** [vɑ̀(:)ləntíər]	→			動 ボランティアをする， (を)自発的に引き受け る
0034 **carry** [kǽri]	→			動 を運ぶ，を持ち歩く
0035 **set** [set]	→			動 (時計の目盛りなど)を合 わせる，を置く
0036 **invite** [ɪnváɪt]	→			動 を招待する
0037 **happen** [hǽpən]	→			動 (偶然)起こる， (happen to do で)偶然 ～する
0038 **choose** [tʃuːz]	→			動 (を)選ぶ，選択する
0039 **guide** [gaɪd]	→			動 を案内する， を指導する
0040 **arrive** [əráɪv]	→			動 到着する

記憶から引き出す

意味	ID	単語を書こう
動 (を)報道する，(を)報告する	0028	
動 を招待する	0036	
動 進路を変える，変わる，を曲がる	0021	
動 (時計の目盛りなど)を合わせる，を置く	0035	
動 (受身形で)驚く，を驚かせる	0032	
動 を忘れる	0029	
動 を借りる	0031	
動 (偶然)起こる，(___ to *do*で)偶然～する	0037	
動 (に)加わる，参加する	0022	
動 を案内する，を指導する	0039	

意味	ID	単語を書こう
動 成長する，(数量などが)増大する，を栽培する	0023	
動 ボランティアをする，(を)自発的に引き受ける	0033	
動 到着する	0040	
動 を勝ち取る，(に)勝つ	0025	
動 (を)選ぶ，選択する	0038	
動 (を)節約する，(を)蓄える，を救う	0024	
動 を傷つける，痛む	0030	
動 を摘む，を選ぶ	0026	
動 を運ぶ，を持ち歩く	0034	
動 (を)信じる	0027	

Unit 1の復習テスト

わからないときは前Unitで確認しましょう。

意味	ID	単語を書こう
動 (を)練習する，を実行する	0017	
動 (を)支払う	0010	
動 気にかける	0018	
動 待つ	0011	
動 を訓練する，トレーニングする	0003	
動 を建てる，を築き上げる	0014	
動 (を)旅行する	0004	
動 (を)注文する，(を)命じる	0007	
動 引っ越す，を動かす，を感動させる	0009	
動 を描写する	0019	

意味	ID	単語を書こう
動 を駐車する	0006	
動 を決心する	0002	
動 を植える，(種)をまく	0016	
動 (を)確かめる，(を)調べる	0013	
動 (費用)がかかる	0020	
動 を変える，変わる	0012	
動 (___ O *do*で)Oに～させる	0001	
動 心配する，を心配させる	0015	
動 を失う，(で)負ける	0008	
動 (___ O Cで)OをCのままにしておく，を置き忘れる，(を)去る	0005	

学習日　　　　月　　　日

単　語	1回目	2回目	3回目	意　味
0041 **offer** [ɔ́(ː)fər]	→			動 (offer A B で) A に B を申し出る，A に B を提供する
0042 **remember** [rɪmémbər]	→			動 を覚えている，(remember to do で) 忘れずに～する
0043 **cancel** [kǽnsəl]	→			動 を中止する，を取り消す
0044 **repair** [rɪpéər]	→			動 を修理する
0045 **excuse** [ɪkskjúːs]	→			名 言い訳，弁解
0046 **Internet** [íntərnèt]	→			名 (the ～) インターネット
0047 **idea** [aɪdíːə]	→			名 考え，思いつき，アイデア
0048 **information** [ìnfərméɪʃən]	→			名 情報
0049 **honey** [hʌ́ni]	→			名 あなた，おまえ，はちみつ
0050 **fire** [fáɪər]	→			名 火，火災
0051 **vegetable** [védʒtəbl]	→			名 (通例 ～s) 野菜
0052 **situation** [sìtʃuéɪʃən]	→			名 状況，情勢
0053 **passage** [pǽsɪdʒ]	→			名 パッセージ，(書物・演説などの) 一節，通路
0054 **event** [ɪvént]	→			名 出来事，行事
0055 **ma'am** [məm]	→			名 奥さま，お嬢さま，先生
0056 **avocado** [ævəkáːdou]	→			名 アボカド
0057 **type** [taɪp]	→			名 種類，型，タイプ
0058 **bakery** [béɪkəri]	→			名 パン屋
0059 **future** [fjúːtʃər]	→			名 (通例 the ～) 将来，未来
0060 **exercise** [éksərsàɪz]	→			名 (健康のための) 運動，練習，練習問題

記憶から引き出す

意　味	ID	単語を書こう
图 (通例 ～s)野菜	0051	
图 あなた，おまえ，はちみつ	0049	
图 パッセージ，（書物・演説などの）一節，通路	0053	
图 アボカド	0056	
图 火，火災	0050	
图 考え，思いつき，アイデア	0047	
動 を中止する，を取り消す	0043	
图 (通例 the ～)将来，未来	0059	
動 を覚えている，（＿ to do で）忘れずに～する	0042	
图 奥さま，お嬢さま，先生	0055	

意　味	ID	単語を書こう
图 (the ～)インターネット	0046	
图 出来事，行事	0054	
图 言い訳，弁解	0045	
图 情報	0048	
图 種類，型，タイプ	0057	
動 (＿ A B で)A に B を申し出る，A に B を提供する	0041	
图 パン屋	0058	
图 状況，情勢	0052	
图 (健康のための)運動，練習，練習問題	0060	
動 を修理する	0044	

単語編

でる度
A
↓
0041
～
0060

Unit 2 の復習テスト　　わからないときは前 Unit で確認しましょう。

意　味	ID	単語を書こう
動 進路を変える，変わる，を曲がる	0021	
動 (を)節約する，(を)蓄える，を救う	0024	
動 を借りる	0031	
動 到着する	0040	
動 を傷つける，痛む	0030	
動 (に)加わる，参加する	0022	
動 (を)選ぶ，選択する	0038	
動 を忘れる	0029	
動 を招待する	0036	
動 (を)報道する，(を)報告する	0028	

意　味	ID	単語を書こう
動 (偶然)起こる，（＿ to do で）偶然～する	0037	
動 成長する，（数量などが）増大する，を栽培する	0023	
動 (時計の目盛りなど)を合わせる，を置く	0035	
動 を勝ち取る，(に)勝つ	0025	
動 (を)信じる	0027	
動 ボランティアをする，(を)自発的に引き受ける	0033	
動 を案内する，を指導する	0039	
動 (受身形で)驚く，を驚かせる	0032	
動 を摘む，を選ぶ	0026	
動 を運ぶ，を持ち歩く	0034	

学習日　　　　月　　　日

単語	1回目	2回目	3回目	意 味
0061 **bottle** [bá(:)tl]	→			图 びん，ボトル
0062 **sign** [saɪn]	→			图 標識，合図，前兆
0063 **service** [sə́:rvəs]	→			图 サービス，(しばしば ~s) 奉仕
0064 **garbage** [gá:rbɪdʒ]	→			图 (台所から出る) 生ゴミ
0065 **customer** [kʌ́stəmər]	→			图 (商店などの) 顧客
0066 **business** [bíznəs]	→			图 職業，商売
0067 **trouble** [trʌ́bl]	→			图 トラブル，悩み (の種)
0068 **tour** [tuər]	→			图 見学，(周遊) 旅行
0069 **race** [reɪs]	→			图 競走，競争
0070 **environment** [ɪnváɪ(ə)rənmənt]	→			图 (通例 the ~) 自然環境，環境
0071 **activity** [æktívəṭi]	→			图 活動
0072 **other** [ʌ́ðər]	→			形 他の，(the ~) (2つの うちの) もう一方の
0073 **different** [dífərənt]	→			形 いろいろな，違った
0074 **important** [ɪmpɔ́:rtənt]	→			形 重要な，大切な
0075 **special** [spéʃəl]	→			形 特別な
0076 **enough** [ɪnʌ́f]	→			形 十分な
0077 **expensive** [ɪkspénsɪv]	→			形 高価な
0078 **difficult** [dífɪkəlt]	→			形 困難な
0079 **few** [fju:]	→			形 ほとんど~ない，(a ~ で) 少数の~
0080 **another** [ənʌ́ðər]	→			形 別の，もう1つ [1人] の

❀ 記憶から引き出す

意 味	ID	単語を書こう
图 競走，競争	0069	
图 びん，ボトル	0061	
形 特別な	0075	
图 職業，商売	0066	
形 重要な，大切な	0074	
形 別の，もう1つ[1人]の	0080	
图 見学，(周遊)旅行	0068	
图 活動	0071	
图 標識，合図，前兆	0062	
图 トラブル，悩み(の種)	0067	

意 味	ID	単語を書こう
形 高価な	0077	
形 いろいろな，違った	0073	
图 (台所から出る)生ゴミ	0064	
形 他の，(the ~)(2つのうちの)もう一方の	0072	
图 (商店などの)顧客	0065	
形 困難な	0078	
图 サービス，(しばしば ~s)奉仕	0063	
形 十分な	0076	
图 (通例 the ~)自然環境，環境	0070	
形 ほとんど～ない，(a ～ で)少数の～	0079	

❀ Unit 3の復習テスト ▶ わからないときは前Unitで確認しましょう。

意 味	ID	単語を書こう
動 を修理する	0044	
图 火，火災	0050	
動 (__ A B で)AにBを申し出る，AにBを提供する	0041	
图 パン屋	0058	
图 あなた，おまえ，はちみつ	0049	
图 パッセージ，(書物・演説などの)一節，通路	0053	
图 考え，思いつき，アイデア	0047	
图 アボカド	0056	
图 出来事，行事	0054	
图 (the ~)インターネット	0046	

意 味	ID	単語を書こう
图 (通例 ~s)野菜	0051	
图 (通例 the ~)将来，未来	0059	
图 情報	0048	
图 (健康のための)運動，練習，練習問題	0060	
動 を中止する，を取り消す	0043	
图 奥さま，お嬢さま，先生	0055	
動 を覚えている，(__ to do で)忘れずに～する	0042	
图 状況，情勢	0052	
图 言い訳，弁解	0045	
图 種類，型，タイプ	0057	

学習日　　　月　　　日

単 語	1回目	2回目	3回目	意 味
0081 **close** [kloʊs]	→			形 接近した，親密な
0082 **own** [oʊn]	→			形 (one's ownで) 自分自身の
0083 **local** [lóʊkəl]	→			形 地元の，局所の
0084 **delicious** [dɪlíʃəs]	→			形 おいしい
0085 **foreign** [fɔ́(:)rən]	→			形 外国の
0086 **however** [haʊévər]	→			副 しかしながら，どんなに～でも
0087 **even** [í:vən]	→			副 ～(で)さえ，(比較級を強調して)さらに
0088 **online** [à(:)nláɪn]	→			副 オンラインで
0089 **outside** [àʊtsáɪd]	→			副 屋外に[で]，外に[で]
0090 **instead** [ɪnstéd]	→			副 その代わりに
0091 **far** [fɑːr]	→			副 (距離が)遠くに，(時間が)はるかに
0092 **probably** [prá(:)bəbli]	→			副 多分
0093 **though** [ðoʊ]	→			副 でも，やっぱり
0094 **actually** [ǽktʃuəli]	→			副 実際に，本当のところは
0095 **later** [léɪţər]	→			副 後で，もっと遅く
0096 **yet** [jet]	→			副 (疑問文で)もう，(否定文で)まだ(～ない)
0097 **quickly** [kwíkli]	→			副 すぐに，急いで
0098 **inside** [ɪnsáɪd]	→			副 屋内に[で]，内側に[で]
0099 **anyway** [éniwèɪ]	→			副 とにかく
0100 **while** [hwaɪl]	→			接 …している間に，…ではあるが

❀ 記憶から引き出す

意 味	ID	単語を書こう
副 (疑問文で)もう，(否定文で)まだ(〜ない)	0096	
形 外国の	0085	
形 接近した，親密な	0081	
副 オンラインで	0088	
接 …している間に，…ではあるが	0100	
副 屋外に[で]，外に[で]	0089	
形 地元の，局所の	0083	
副 (距離が)遠くに，(時間が)はるかに	0091	
副 しかしながら，どんなに〜でも	0086	
副 すぐに，急いで	0097	

意 味	ID	単語を書こう
副 実際に，本当のところは	0094	
副 屋内に[で]，内側に[で]	0098	
副 多分	0092	
副 〜(で)さえ，(比較級を強調して)さらに	0087	
副 後で，もっと遅く	0095	
副 その代わりに	0090	
形 おいしい	0084	
副 でも，やっぱり	0093	
形 (one's ___ で)自分自身の	0082	
副 とにかく	0099	

単語編

でる度
A
↓
0081
〜
0100

❀ Unit 4 の復習テスト ▶ わからないときは前 Unit で確認しましょう。

意 味	ID	単語を書こう
形 いろいろな，違った	0073	
形 高価な	0077	
形 別の，もう1つ[1人]の	0080	
形 他の，(the 〜)(2つのうちの)もう一方の	0072	
形 特別な	0075	
名 サービス，(しばしば 〜s)奉仕	0063	
形 困難な	0078	
名 標識，合図，前兆	0062	
名 (通例 the 〜)自然環境，環境	0070	
名 職業，商売	0066	

意 味	ID	単語を書こう
形 ほとんど〜ない，(a 〜 で)少数の〜	0079	
名 (台所から出る)生ゴミ	0064	
名 トラブル，悩み(の種)	0067	
名 (商店などの)顧客	0065	
名 びん，ボトル	0061	
名 見学，(周遊)旅行	0068	
形 重要な，大切な	0074	
形 十分な	0076	
名 活動	0071	
名 競走，競争	0069	

学習日　　　月　　　日

単語	1回目	2回目	3回目	意味
0101 **taste** [teɪst]	→			動 の味がする，を味わう
0102 **fix** [fɪks]	→			動 を修理する，を固定する
0103 **hold** [hoʊld]	→			動 を開催する，を持つ
0104 **collect** [kəlékt]	→			動 を集める
0105 **paint** [peɪnt]	→			動 にペンキを塗る，の絵を描く
0106 **copy** [ká(:)pi]	→			動 (の)写しを取る，(を)まねる
0107 **guess** [ges]	→			動 を推測する
0108 **create** [kri(:)éɪt]	→			動 を創造する
0109 **allow** [əláʊ]	→			動 (allow O to do で)Oが〜するのを許す
0110 **return** [rɪtə́:rn]	→			動 帰る，戻る，を返す
0111 **suggest** [səgdʒést]	→			動 を提案する，を暗示する
0112 **relax** [rɪlǽks]	→			動 くつろぐ，をくつろがせる
0113 **add** [æd]	→			動 を加える
0114 **reserve** [rɪzə́:rv]	→			動 を予約する，を取っておく
0115 **design** [dɪzáɪn]	→			動 (を)デザイン[設計]する
0116 **follow** [fá(:)loʊ]	→			動 についていく[くる]，に続く，に従う
0117 **attract** [ətrǽkt]	→			動 の心をとらえる，(注意・興味など)を引く，(受身形で)魅了される
0118 **pass** [pæs]	→			動 (に)合格する，を手渡す，(を)通り過ぎる，(時が)たつ
0119 **miss** [mɪs]	→			動 がいなくて寂しく思う，をし損なう，に乗り遅れる
0120 **recommend** [rèkəménd]	→			動 を推薦する，を勧める

❈ 記憶から引き出す

意　味	ID	単語を書こう
動 (の)写しを取る， (を)まねる	0106	
動 を集める	0104	
動 の心をとらえる， (注意・興味など)を引く， (受身形で)魅了される	0117	
動 を予約する， を取っておく	0114	
動 を開催する，を持つ	0103	
動 (に)合格する，を手渡す， (を)通り過ぎる， (時が)たつ	0118	
動 (___ O to do で)Oが〜 するのを許す	0109	
動 についていく[くる]， に続く，に従う	0116	
動 を加える	0113	
動 の味がする，を味わう	0101	

意　味	ID	単語を書こう
動 を推測する	0107	
動 がいなくて寂しく思う， をし損なう， に乗り遅れる	0119	
動 を提案する，を暗示する	0111	
動 にペンキを塗る， の絵を描く	0105	
動 帰る，戻る，を返す	0110	
動 (を)デザイン[設計]する	0115	
動 を修理する，を固定する	0102	
動 を創造する	0108	
動 くつろぐ， をくつろがせる	0112	
動 を推薦する，を勧める	0120	

❈ Unit 5の復習テスト　▶ わからないときは前Unitで確認しましょう。

意　味	ID	単語を書こう
副 屋内に[で]，内側に[で]	0098	
副 後で，もっと遅く	0095	
副 〜(で)さえ， (比較級を強調して)さらに	0087	
副 とにかく	0099	
副 しかしながら， どんなに〜でも	0086	
副 多分	0092	
副 すぐに，急いで	0097	
副 その代わりに	0090	
副 でも，やっぱり	0093	
形 地元の，局所の	0083	

意　味	ID	単語を書こう
副 (疑問文で)もう， (否定文で)まだ(〜ない)	0096	
副 (距離が)遠くに， (時間が)はるかに	0091	
形 (one's ___ で)自分自身の	0082	
副 実際に，本当のところは	0094	
副 屋外に[で]，外に[で]	0089	
形 外国の	0085	
形 接近した，親密な	0081	
接 …している間に， …ではあるが	0100	
形 おいしい	0084	
副 オンラインで	0088	

学習日　　　　月　　　日

単語	1回目	2回目	3回目	意味
0121 serve [sə:rv]	→			動 (飲食物)を出す, (に)給仕する, (に)仕える
0122 rent [rent]	→			動 を借りる, を貸す
0123 wake [weɪk]	→			動 (wake upで)目を覚ます, (wake A upで)Aを起こす
0124 bake [beɪk]	→			動 (パンなど)を焼く
0125 prepare [prɪpéər]	→			動 (を)準備する
0126 damage [dæmɪdʒ]	→			動 に損傷[損害]を与える
0127 bear [beər]	→			動 を我慢する
0128 seem [siːm]	→			動 のようだ, のように見える[思える]
0129 explain [ɪkspléɪn]	→			動 (を)説明する
0130 cause [kɔːz]	→			動 を引き起こす
0131 fill [fɪl]	→			動 を満たす
0132 kill [kɪl]	→			動 (を)殺す, (時間)をつぶす
0133 dress [dres]	→			動 服を着る, に服を着せる
0134 throw [θroʊ]	→			動 (を)投げる
0135 notice [nóʊţəs]	→			動 (に)気づく
0136 result [rɪzʌ́lt]	→			名 結果, (通例 ~s)成果
0137 front [frʌnt]	→			名 (the ~)(最)前部, 正面
0138 recipe [résəpi]	→			名 調理法, レシピ
0139 area [éəriə]	→			名 地域, 区域, 領域
0140 visitor [vízəţər]	→			名 訪問者

✖ 記憶から引き出す

意 味	ID	単語を書こう
图 訪問者	0140	
動 のようだ, のように見える[思える]	0128	
動 (パンなど)を焼く	0124	
图 地域, 区域, 領域	0139	
動 を借りる, を貸す	0122	
動 (を)説明する	0129	
動 (を)投げる	0134	
動 (___ upで)目を覚ます, (___ A upで)Aを起こす	0123	
動 を我慢する	0127	
動 服を着る, に服を着せる	0133	

意 味	ID	単語を書こう
图 (the ~)(最)前部, 正面	0137	
動 (を)準備する	0125	
動 (飲食物)を出す, (に)給仕する, (に)仕える	0121	
图 調理法, レシピ	0138	
動 を引き起こす	0130	
動 (を)殺す, (時間)をつぶす	0132	
图 結果, (通例 ~s)成果	0136	
動 に損傷[損害]を与える	0126	
動 を満たす	0131	
動 (に)気づく	0135	

✖ Unit 6 の復習テスト ▶ わからないときは前 Unit で確認しましょう。

意 味	ID	単語を書こう
動 にペンキを塗る, の絵を描く	0105	
動 についていく[くる], に続く, に従う	0116	
動 を開催する, を持つ	0103	
動 (を)デザイン[設計]する	0115	
動 の味がする, を味わう	0101	
動 (の)写しを取る, (を)まねる	0106	
動 (に)合格する, を手渡す, (を)通り過ぎる, (時が)たつ	0118	
動 くつろぐ, をくつろがせる	0112	
動 を推薦する, を勧める	0120	
動 を提案する, を暗示する	0111	

意 味	ID	単語を書こう
動 を予約する, を取っておく	0114	
動 の心をとらえる, (注意・興味など)を引く, (受身形で)魅了される	0117	
動 を集める	0104	
動 帰る, 戻る, を返す	0110	
動 を修理する, を固定する	0102	
動 (___ O to doで)Oが~ するのを許す	0109	
動 を推測する	0107	
動 がいなくて寂しく思う, をし損なう, に乗り遅れる	0119	
動 を加える	0113	
動 を創造する	0108	

学習日　　　月　　　日

単 語	1回目	2回目	3回目	意 味
0141 **clothes** [klouz]	→			图 衣服
0142 **plastic** [plǽstɪk]	→			图 プラスチック
0143 **chance** [tʃǽns]	→			图 機会
0144 **sale** [seɪl]	→			图 販売，特売
0145 **skill** [skɪl]	→			图 技術，熟練
0146 **presentation** [prèzəntéɪʃən]	→			图 発表，提示，贈呈
0147 **flight** [flaɪt]	→			图 定期航空便，フライト
0148 **wheel** [hwi:l]	→			图 車輪，(the ~)(自動車の)ハンドル
0149 **product** [prɑ́(:)dʌkt]	→			图 製品，産物
0150 **meal** [mi:l]	→			图 食事
0151 **seed** [si:d]	→			图 種，種子
0152 **land** [lænd]	→			图 陸地，土地
0153 **medicine** [médsən]	→			图 薬，医学
0154 **reservation** [rèzərvéɪʃən]	→			图 (部屋・切符などの)予約
0155 **space** [speɪs]	→			图 宇宙，余地
0156 **apartment** [əpá:rtmənt]	→			图 アパート
0157 **insect** [ínsekt]	→			图 虫，昆虫
0158 **mall** [mɔ:l]	→			图 ショッピングモール
0159 **smartphone** [smá:rtfòun]	→			图 スマートフォン
0160 **grade** [greɪd]	→			图 成績，学年，等級

✿ 記憶から引き出す

意 味	ID	単語を書こう
图 販売，特売	0144	
图 (部屋・切符などの) 予約	0154	
图 陸地，土地	0152	
图 食事	0150	
图 衣服	0141	
图 発表，提示，贈呈	0146	
图 成績，学年，等級	0160	
图 製品，産物	0149	
图 定期航空便，フライト	0147	
图 スマートフォン	0159	

意 味	ID	単語を書こう
图 アパート	0156	
图 プラスチック	0142	
图 ショッピングモール	0158	
图 宇宙，余地	0155	
图 薬，医学	0153	
图 虫，昆虫	0157	
图 種，種子	0151	
图 機会	0143	
图 車輪，(the 〜) (自動車の) ハンドル	0148	
图 技術，熟練	0145	

✿ Unit 7の復習テスト　わからないときは前Unitで確認しましょう。

意 味	ID	単語を書こう
图 結果，(通例 〜s) 成果	0136	
動 を借りる，を貸す	0122	
動 (に) 気づく	0135	
動 に損傷 [損害] を与える	0126	
動 (を) 投げる	0134	
動 を我慢する	0127	
動 (を) 殺す，(時間) をつぶす	0132	
图 (the 〜) (最) 前部，正面	0137	
图 調理法，レシピ	0138	
動 (___ upで) 目を覚ます，(___ A upで) Aを起こす	0123	

意 味	ID	単語を書こう
图 訪問者	0140	
動 (パンなど) を焼く	0124	
動 を引き起こす	0130	
動 (を) 準備する	0125	
動 (飲食物) を出す，(に) 給仕する，(に) 仕える	0121	
動 服を着る，に服を着せる	0133	
動 (を) 説明する	0129	
動 を満たす	0131	
图 地域，区域，領域	0139	
動 のようだ，のように見える [思える]	0128	

学習日　　　月　　　日

単語	1回目	2回目	3回目	意　味
0161 **police** [pəlíːs]	→			图 (the ～)警察
0162 **prize** [praɪz]	→			图 賞, 賞品
0163 **market** [máːrkət]	→			图 市場
0164 **fair** [feər]	→			图 見本市, 博覧会, 品評会
0165 **section** [sékʃən]	→			图 (新聞・雑誌などの)欄, 区画, 部門
0166 **price** [praɪs]	→			图 価格
0167 **fact** [fækt]	→			图 事実, 実際にあったこと
0168 **department** [dɪpáːrtmənt]	→			图 (集合的に)(企業などの)部, 学部, (店の)売場
0169 **rule** [ruːl]	→			图 規則, 支配
0170 **nature** [néɪtʃər]	→			图 (しばしば N-)自然, 性質
0171 **island** [áɪlənd]	→			图 島
0172 **goods** [gʊdz]	→			图 (複数扱い)商品, 品物
0173 **firefighter** [fáɪərfàɪtər]	→			图 消防隊員
0174 **person** [páːrsən]	→			图 (一般に)人, 人間
0175 **husband** [hʌ́zbənd]	→			图 夫
0176 **item** [áɪtəm]	→			图 品目, 項目
0177 **neighbor** [néɪbər]	→			图 隣人, 近所の人
0178 **orchestra** [ɔ́ːrkɪstrə]	→			图 オーケストラ, 管弦楽団
0179 **gate** [geɪt]	→			图 門, (空港などの)ゲート
0180 **healthy** [hélθi]	→			形 健康に良い, 健康な

記憶から引き出す

意味	ID	単語を書こう
名 見本市，博覧会，品評会	0164	
名 事実，実際にあったこと	0167	
形 健康に良い，健康な	0180	
名（集合的に）（企業などの）部，学部，（店の）売場	0168	
名 賞，賞品	0162	
名 価格	0166	
名（しばしば N-）自然，性質	0170	
名（一般に）人，人間	0174	
名 品目，項目	0176	
名（複数扱い）商品，品物	0172	

意味	ID	単語を書こう
名（新聞・雑誌などの）欄，区画，部門	0165	
名 隣人，近所の人	0177	
名 消防隊員	0173	
名 市場	0163	
名 規則，支配	0169	
名 門，（空港などの）ゲート	0179	
名 島	0171	
名（the ～）警察	0161	
名 夫	0175	
名 オーケストラ，管弦楽団	0178	

Unit 8の復習テスト

わからないときは前Unitで確認しましょう。

意味	ID	単語を書こう
名 発表，提示，贈呈	0146	
名 衣服	0141	
名 成績，学年，等級	0160	
名 機会	0143	
名（部屋・切符などの）予約	0154	
名 陸地，土地	0152	
名 製品，産物	0149	
名 販売，特売	0144	
名 アパート	0156	
名 虫，昆虫	0157	

意味	ID	単語を書こう
名 定期航空便，フライト	0147	
名 薬，医学	0153	
名 食事	0150	
名 スマートフォン	0159	
名 種（たね），種子	0151	
名 プラスチック	0142	
名 ショッピングモール	0158	
名 車輪，(the ～)（自動車の）ハンドル	0148	
名 技術，熟練	0145	
名 宇宙，余地	0155	

学習日　　　月　　　日

単語	1回目	2回目	3回目	意味
0181 **true** [tru:]	→			形 本当の
0182 **afraid** [əfréɪd]	→			形 (…ではないかと)心配して，怖がって
0183 **dangerous** [déɪndʒərəs]	→			形 危険な
0184 **wild** [waɪld]	→			形 野生の，荒れ果てた
0185 **safe** [seɪf]	→			形 安全な，無事で
0186 **past** [pæst]	→			形 過去の
0187 **available** [əvéɪləbl]	→			形 入手[利用]できる，手が空いている
0188 **successful** [səksésfəl]	→			形 成功した
0189 **perfect** [pə́:rfɪkt]	→			形 完全な
0190 **less** [les]	→			副 (程度・回数が)より少なく
0191 **easily** [í:zɪli]	→			副 簡単に，気楽に
0192 **else** [els]	→			副 その他に，代わりに
0193 **abroad** [əbrɔ́:d]	→			副 海外で[へ，に]
0194 **recently** [rí:səntli]	→			副 最近，近ごろ
0195 **nowadays** [náʊədèɪz]	→			副 今日では，近ごろは
0196 **somewhere** [sʌ́mhwèər]	→			副 どこかに[で，へ]
0197 **forward** [fɔ́:rwərd]	→			副 (時間的に)先へ，(空間的に)前へ[に]
0198 **although** [ɔ:lðóʊ]	→			接 …だけれども
0199 **without** [wɪðáʊt]	→			前 ～なしで[の]，(without *doing* で)～しないで
0200 **through** [θru:]	→			前 ～を通って，～を通じて，～中ずっと

✿ 記憶から引き出す

意　味	ID	単語を書こう	意　味	ID	単語を書こう
形 (…ではないかと)心配して，怖がって	0182		副 (時間的に)先へ，(空間的に)前へ[に]	0197	
前 ～を通って，～を通じて，～中ずっと	0200		前 ～なしで[の]，(__ doingで)～しないで	0199	
形 野生の，荒れ果てた	0184		形 成功した	0188	
形 安全な，無事で	0185		副 どこかに[で，へ]	0196	
形 完全な	0189		形 入手[利用]できる，手が空いている	0187	
形 本当の	0181		副 その他に，代わりに	0192	
接 …だけれども	0198		副 簡単に，気楽に	0191	
形 危険な	0183		副 海外で[へ，に]	0193	
副 (程度・回数が)より少なく	0190		副 今日では，近ごろは	0195	
副 最近，近ごろ	0194		形 過去の	0186	

✿ Unit 9の復習テスト ▶ わからないときは前Unitで確認しましょう。

意　味	ID	単語を書こう	意　味	ID	単語を書こう
名 品目，項目	0176		名 賞，賞品	0162	
名 (しばしば N-)自然，性質	0170		名 事実，実際にあったこと	0167	
名 夫	0175		名 (複数扱い)商品，品物	0172	
名 島	0171		名 市場	0163	
名 オーケストラ，管弦楽団	0178		形 健康に良い，健康な	0180	
名 価格	0166		名 (新聞・雑誌などの)欄，区画，部門	0165	
名 (一般に)人，人間	0174		名 消防隊員	0173	
名 (集合的に)(企業などの)部，学部，(店の)売場	0168		名 規則，支配	0169	
名 見本市，博覧会，品評会	0164		名 (the ～)警察	0161	
名 門，(空港などの)ゲート	0179		名 隣人，近所の人	0177	

学習日　　　月　　　日

単語	1回目	2回目	3回目	意味
0201 **exchange** [ɪkstʃéɪndʒ]	→			動 を交換する，を両替する
0202 **drop** [drɑ(:)p]	→			動 を落とす，を下ろす，（物が）突然落ちる
0203 **climb** [klaɪm]	→			動 (を)登る
0204 **smell** [smel]	→			動 のにおいがする
0205 **date** [deɪt]	→			動 (と)デートする
0206 **introduce** [ìntrədjú:s]	→			動 を紹介する，を導入する
0207 **recycle** [rì:sáɪkl]	→			動 (を)再生利用する
0208 **perform** [pərfɔ́:rm]	→			動 を上演する，(を)演じる，を実行する
0209 **wish** [wɪʃ]	→			動 …であればいいのに（と思う），を願う
0210 **marry** [mǽri]	→			動 と結婚する
0211 **express** [ɪksprés]	→			動 を表現する
0212 **hide** [haɪd]	→			動 隠れる，を隠す
0213 **protect** [prətékt]	→			動 を保護する
0214 **receive** [rɪsí:v]	→			動 を受け取る
0215 **steal** [sti:l]	→			動 を盗む，盗みをする
0216 **interview** [íntərvjù:]	→			動 にインタビューする，と面接する
0217 **feed** [fi:d]	→			動 に食べ物を与える
0218 **spread** [spred]	→			動 広がる，を広げる
0219 **deliver** [dɪlívər]	→			動 (を)配達する
0220 **search** [sə:rtʃ]	→			動 捜す

❦ 記憶から引き出す

意 味	ID	単語を書こう
動 を落とす，を下ろす，（物が）突然落ちる	0202	
動 （を）再生利用する	0207	
動 に食べ物を与える	0217	
動 を紹介する，を導入する	0206	
動 にインタビューする，と面接する	0216	
動 （と）デートする	0205	
動 広がる，を広げる	0218	
動 （を）登る	0203	
動 （を）配達する	0219	
動 を表現する	0211	

意 味	ID	単語を書こう
動 を受け取る	0214	
動 と結婚する	0210	
動 のにおいがする	0204	
動 隠れる，を隠す	0212	
動 …であればいいのに（と思う），を願う	0209	
動 を交換する，を両替する	0201	
動 を上演する，（を）演じる，を実行する	0208	
動 を盗む，盗みをする	0215	
動 捜す	0220	
動 を保護する	0213	

でる度 A
0201
～
0220

❦ Unit 10の復習テスト　わからないときは前Unitで確認しましょう。

意 味	ID	単語を書こう
副 その他に，代わりに	0192	
形 過去の	0186	
副 簡単に，気楽に	0191	
形 野生の，荒れ果てた	0184	
前 ～なしで[の]，（___ doingで）～しないで	0199	
形 完全な	0189	
形 危険な	0183	
副 （程度・回数が）より少なく	0190	
接 …だけれども	0198	
副 最近，近ごろ	0194	

意 味	ID	単語を書こう
形 本当の	0181	
副 今日では，近ごろは	0195	
形 安全な，無事で	0185	
副 どこかに[で，へ]	0196	
副 海外で[へ，に]	0193	
前 ～を通って，～を通じて，～中ずっと	0200	
副 （時間的に）先へ，（空間的に）前へ[に]	0197	
形 （…ではないかと）心配して，怖がって	0182	
形 入手[利用]できる，手が空いている	0187	
形 成功した	0188	

学習日　　　　　　　　月　　　日

単語	1回目	2回目	3回目	意 味
0221 **bite** [baɪt]	→			動 (を)噛む
0222 **trade** [treɪd]	→			動 (を)交換する, 貿易をする
0223 **announce** [ənáuns]	→			動 を発表する
0224 **produce** [prədjúːs]	→			動 (を)生産する, を引き起こす
0225 **share** [ʃeər]	→			動 (を)共有する, を分け合う
0226 **draw** [drɔː]	→			動 を描く, を引く
0227 **wood** [wʊd]	→			名 木材, (しばしば the ~sで)森
0228 **reason** [ríːzən]	→			名 理由, 理性
0229 **experience** [ɪkspíəriəns]	→			名 経験
0230 **bill** [bɪl]	→			名 請求書, 紙幣
0231 **discount** [dískaunt]	→			名 割引, 値引
0232 **form** [fɔːrm]	→			名 (記入するための)用 紙, 形
0233 **owner** [óunər]	→			名 所有者
0234 **side** [saɪd]	→			名 片側, 側面
0235 **community** [kəmjúːnəṭi]	→			名 コミュニティー, 地域社会
0236 **guest** [gest]	→			名 (家・ホテルなどの) 客
0237 **performance** [pərfɔ́ːrməns]	→			名 演技, 実行
0238 **tool** [tuːl]	→			名 道具
0239 **century** [séntʃəri]	→			名 1世紀, 100年(間)
0240 **dessert** [dɪzɔ́ːrt]	→			名 デザート

� 記憶から引き出す

意味	ID	単語を書こう	意味	ID	単語を書こう
名 デザート	0240		動 (を)共有する，を分け合う	0225	
名 経験	0229		名 所有者	0233	
名 コミュニティー，地域社会	0235		名 演技，実行	0237	
名 請求書，紙幣	0230		動 (を)生産する，を引き起こす	0224	
動 を発表する	0223		名 木材，(しばしば the ～s で)森	0227	
名 (記入するための)用紙，形	0232		名 割引，値引	0231	
動 を描く，を引く	0226		動 (を)噛む	0221	
名 (家・ホテルなどの)客	0236		名 1世紀，100年(間)	0239	
名 理由，理性	0228		名 片側，側面	0234	
名 道具	0238		動 (を)交換する，貿易をする	0222	

単語編

でる度
A
↓
0221
～
0240

✦ Unit 11の復習テスト ▶ わからないときは前Unitで確認しましょう。

意味	ID	単語を書こう	意味	ID	単語を書こう
動 隠れる，を隠す	0212		動 (を)登る	0203	
動 …であればいいのに(と思う)，を願う	0209		動 (と)デートする	0205	
動 のにおいがする	0204		動 広がる，を広げる	0218	
動 を上演する，(を)演じる，を実行する	0208		動 にインタビューする，と面接する	0216	
動 に食べ物を与える	0217		動 (を)配達する	0219	
動 と結婚する	0210		動 を盗む，盗みをする	0215	
動 を紹介する，を導入する	0206		動 捜す	0220	
動 を表現する	0211		動 を落とす，を下ろす，(物が)突然落ちる	0202	
動 (を)再生利用する	0207		動 を保護する	0213	
動 を受け取る	0214		動 を交換する，を両替する	0201	

学習日 　　　　月　　　日

単語	1回目	2回目	3回目	意 味
0241 **poem** [póuəm]	→			图 詩
0242 **government** [gʌ́vərnmənt]	→			图 (集合的に) 政府
0243 **novel** [ná(:)vəl]	→			图 小説
0244 **professor** [prəfésər]	→			图 教授
0245 **project** [prá(:)dʒekt]	→			图 計画, 事業, プロジェクト
0246 **charity** [tʃǽrəti]	→			图 慈善 (事業)
0247 **million** [míljən]	→			图 100万, (~s) 数百万 もの人 [物]
0248 **instrument** [ínstrəmənt]	→			图 器具, 道具
0249 **mistake** [mɪstéɪk]	→			图 間違い, 誤り
0250 **earth** [ə:rθ]	→			图 (the ~, (the) Earth で) 地球
0251 **address** [ədrés]	→			图 住所, 演説
0252 **co-worker** [kóuwə̀:rkər]	→			图 同僚, 協力者
0253 **cleaner** [klí:nər]	→			图 (the ~s または the ~'s で) クリーニング 店, 洗剤
0254 **match** [mætʃ]	→			图 試合
0255 **fan** [fæn]	→			图 ファン, 熱心な愛好者
0256 **grandparent** [grǽndpèərənt]	→			图 祖父, 祖母
0257 **president** [prézɪdənt]	→			图 (しばしば P-) 大統領, (ときに P-) 社長
0258 **wallpaper** [wɔ́:lpèɪpər]	→			图 壁紙
0259 **health** [helθ]	→			图 健康 (なこと), 健康状態
0260 **Europe** [júərəp]	→			图 ヨーロッパ

❀ 記憶から引き出す

意 味	ID	単語を書こう	意 味	ID	単語を書こう
名 慈善（事業）	0246		名 小説	0243	
名 (the ～s または the ～'s で) クリーニング店，洗剤	0253		名 同僚，協力者	0252	
名 計画，事業，プロジェクト	0245		名 ヨーロッパ	0260	
名 住所，演説	0251		名 間違い，誤り	0249	
名 教授	0244		名 祖父，祖母	0256	
名 器具，道具	0248		名 試合	0254	
名 ファン，熱心な愛好者	0255		名 (集合的に) 政府	0242	
名 100万，(～s) 数百万もの人 [物]	0247		名 壁紙	0258	
名 詩	0241		名 (the ～, (the) E-で) 地球	0250	
名 健康（なこと），健康状態	0259		名 (しばしば P-) 大統領，(ときに P-) 社長	0257	

❀ Unit 12の復習テスト　わからないときは前Unitで確認しましょう。

意 味	ID	単語を書こう	意 味	ID	単語を書こう
動 を描く，を引く	0226		動 (を) 生産する，を引き起こす	0224	
名 1世紀，100年 (間)	0239		名 所有者	0233	
動 (を) 噛む	0221		名 経験	0229	
名 割引，値引	0231		名 木材，(しばしば the ～sで) 森	0227	
名 デザート	0240		動 (を) 交換する，貿易をする	0222	
名 コミュニティー，地域社会	0235		名 (家・ホテルなどの) 客	0236	
名 請求書，紙幣	0230		動 (を) 共有する，を分け合う	0225	
動 を発表する	0223		名 演技，実行	0237	
名 片側，側面	0234		名 (記入するための) 用紙，形	0232	
名 理由，理性	0228		名 道具	0238	

学習日　　　　月　　　日

単 語	1回目	2回目	3回目	意 味
0261 **technology** [teknɑ́(ː)lədʒi]	→			图 科学技術, テクノロジー
0262 **suit** [suːt]	→			图 スーツ, 衣服
0263 **note** [nout]	→			图 覚え書き, 注釈
0264 **score** [skɔːr]	→			图 得点
0265 **gift** [gɪft]	→			图 才能, 贈り物
0266 **rest** [rest]	→			图 休み, 休憩
0267 **view** [vjuː]	→			图 眺め, 見方, (しばしば ~s)意見
0268 **crowd** [kraud]	→			图 (集合的に)群衆
0269 **jazz** [dʒæz]	→			图 ジャズ
0270 **direction** [dərékʃən]	→			图 方向, (~s)指示
0271 **topic** [tɑ́(ː)pɪk]	→			图 話題
0272 **wallet** [wɑ́(ː)lət]	→			图 (二つ折りの)財布
0273 **piece** [piːs]	→			图 一片, (数えられない名 詞の個数を表して)1個 [1本, 1枚]
0274 **package** [pǽkɪdʒ]	→			图 (小さな)包み
0275 **teammate** [tíːmmèɪt]	→			图 チームメート
0276 **playground** [pléɪgràund]	→			图 遊び場, (学校など公 共の)運動場
0277 **planet** [plǽnɪt]	→			图 惑星
0278 **salon** [səlɑ́(ː)n]	→			图 (服飾・美容などの)(高 級)店, (大邸宅の)居間
0279 **accident** [ǽksɪdənt]	→			图 事故, 偶然
0280 **actor** [ǽktər]	→			图 俳優

✖ 記憶から引き出す

意 味	ID	単語を書こう
图 事故，偶然	0279	
图 惑星	0277	
图 (二つ折りの)財布	0272	
图 チームメート	0275	
图 (小さな)包み	0274	
图 得点	0264	
图 話題	0271	
图 方向，(～s)指示	0270	
图 一片， (数えられない名詞の個数を 表して)1個[1本，1枚]	0273	
图 眺め，見方， (しばしば～s)意見	0267	

意 味	ID	単語を書こう
图 ジャズ	0269	
图 覚え書き，注釈	0263	
图 休み，休憩	0266	
图 スーツ，衣服	0262	
图 俳優	0280	
图 才能，贈り物	0265	
图 遊び場，(学校など公共 の)運動場	0276	
图 科学技術，テクノロジー	0261	
图 (服飾・美容などの)(高 級)店，(大邸宅の)居間	0278	
图 (集合的に)群衆	0268	

✖ Unit 13の復習テスト　　わからないときは前Unitで確認しましょう。

意 味	ID	単語を書こう
图 慈善(事業)	0246	
图 ファン，熱心な愛好者	0255	
图 (しばしば P-)大統領， (ときに P-)社長	0257	
图 計画，事業， プロジェクト	0245	
图 詩	0241	
图 100万， (～s)数百万もの人[物]	0247	
图 ヨーロッパ	0260	
图 教授	0244	
图 同僚，協力者	0252	
图 壁紙	0258	

意 味	ID	単語を書こう
图 (the ～s または the ～'s で)クリーニング店， 洗剤	0253	
图 健康(なこと)， 健康状態	0259	
图 祖父，祖母	0256	
图 小説	0243	
图 間違い，誤り	0249	
图 住所，演説	0251	
图 (集合的に)政府	0242	
图 器具，道具	0248	
图 (the ～，(the) E-で)地球	0250	
图 試合	0254	

学習日　　月　　日

単語	1回目	2回目	3回目	意味
0281 **traditional** [trədíʃənəl]	→			形 伝統的な
0282 **Russian** [rʌ́ʃən]	→			形 ロシアの, ロシア人 [語] の
0283 **human** [hjúːmən]	→			形 人間の, 人間的な
0284 **cheap** [tʃíːp]	→			形 安い
0285 **either** [íːðər]	→			形 (2者のうち) どちらか (一方) の, どちらでも
0286 **professional** [prəféʃənəl]	→			形 プロの, 専門の
0287 **similar** [símələr]	→			形 類似した, 同種の
0288 **part-time** [pɑ̀ːrttáɪm]	→			形 パート (タイム) の, 非常勤の
0289 **whole** [hoʊl]	→			形 全体の
0290 **frozen** [fróʊzən]	→			形 凍った
0291 **central** [séntrəl]	→			形 中心 (部) の
0292 **loud** [laʊd]	→			形 (声や音が) 大きい, 騒々しい
0293 **magic** [mǽdʒɪk]	→			形 奇術の, 魔法の
0294 **pretty** [príɾi]	→			副 なかなか, 結構
0295 **certainly** [sə́ːrtənli]	→			副 (返答として) もちろんです, (しばしば文修飾) 確かに
0296 **finally** [fáɪnəli]	→			副 ついに, 最後に
0297 **alone** [əlóʊn]	→			副 1人で, 独力で, ~だけ
0298 **therefore** [ðéərfɔːr]	→			副 それゆえに
0299 **lately** [léɪtli]	→			副 最近, 近ごろ
0300 **might** [maɪt]	→			助 (もしかすると) ~かもしれない

✖ 記憶から引き出す

意 味	ID	単語を書こう
形 中心(部)の	0291	
形 プロの，専門の	0286	
形 (声や音が)大きい，騒々しい	0292	
副 (返答として)もちろんです，(しばしば文修飾)確かに	0295	
形 類似した，同種の	0287	
副 ついに，最後に	0296	
形 (2者のうち)どちらか(一方)の，どちらでも	0285	
形 凍った	0290	
副 それゆえに	0298	
副 1人で，独力で，〜だけ	0297	

意 味	ID	単語を書こう
形 奇術の，魔法の	0293	
形 人間の，人間的な	0283	
助 (もしかすると)〜かもしれない	0300	
形 伝統的な	0281	
副 なかなか，結構	0294	
形 パート(タイム)の，非常勤の	0288	
形 安い	0284	
形 全体の	0289	
副 最近，近ごろ	0299	
形 ロシアの，ロシア人[語]の	0282	

単語編

でる度
A
↓
0281
〜
0300

✖ Unit 14 の復習テスト ▷ わからないときは前 Unit で確認しましょう。

意 味	ID	単語を書こう
名 (集合的に)群衆	0268	
名 事故，偶然	0279	
名 チームメート	0275	
名 惑星	0277	
名 一片，(数えられない名詞の個数を表して)1個[1本，1枚]	0273	
名 眺め，見方，(しばしば〜s)意見	0267	
名 (服飾・美容などの)(高級)店，(大邸宅の)居間	0278	
名 覚え書き，注釈	0263	
名 (小さな)包み	0274	
名 科学技術，テクノロジー	0261	

意 味	ID	単語を書こう
名 話題	0271	
名 得点	0264	
名 方向，(〜s)指示	0270	
名 スーツ，衣服	0262	
名 ジャズ	0269	
名 (二つ折りの)財布	0272	
名 休み，休憩	0266	
名 遊び場，(学校など公共の)運動場	0276	
名 俳優	0280	
名 才能，贈り物	0265	

学習日　　　　月　　　日

単 語	1回目	2回目	3回目	意 味
0301 **stand** [stænd]	→			動 を我慢する, 立っている
0302 **reach** [ri:tʃ]	→			動 に到着する
0303 **promise** [prá(:)məs]	→			動 (を)約束する
0304 **film** [fɪlm]	→			動 (を)撮影する, を映画化する
0305 **fit** [fɪt]	→			動 に(サイズが)ぴったり合う, に適している
0306 **celebrate** [séləbrèɪt]	→			動 (を)祝う
0307 **stretch** [stretʃ]	→			動 ストレッチをする, のびる, をのばす
0308 **cover** [kʌ́vər]	→			動 を覆う
0309 **develop** [dɪvéləp]	→			動 を開発する, を発達させる, 発達する
0310 **solve** [sɑ(:)lv]	→			動 を解決する
0311 **discover** [dɪskʌ́vər]	→			動 を発見する
0312 **continue** [kəntínju(:)]	→			動 を続ける, 続く
0313 **face** [feɪs]	→			動 に直面する, の方を向く
0314 **shape** [ʃeɪp]	→			動 を形作る, を形成する
0315 **print** [prɪnt]	→			動 (を)印刷する
0316 **lend** [lend]	→			動 (lend A Bで)AにBを貸す
0317 **realize** [ríːəlàɪz]	→			動 を悟る, を実現する
0318 **wonder** [wʌ́ndər]	→			動 …かなと思う
0319 **die** [daɪ]	→			動 死ぬ
0320 **pull** [pʊl]	→			動 (を)引く

✿ 記憶から引き出す

意　味	ID	単語を書こう
動 に直面する，の方を向く	0313	
動 ストレッチをする，のびる，をのばす	0307	
動 (___ A B で) A に B を貸す	0316	
動 を形作る，を形成する	0314	
動 を発見する	0311	
動 を覆う	0308	
動 を悟る，を実現する	0317	
動 (を)祝う	0306	
動 (を)約束する	0303	
動 を我慢する，立っている	0301	

意　味	ID	単語を書こう
動 を開発する，を発達させる，発達する	0309	
動 を解決する	0310	
動 を続ける，続く	0312	
動 に到着する	0302	
動 (を)撮影する，を映画化する	0304	
動 死ぬ	0319	
動 に(サイズが)ぴったり合う，に適している	0305	
動 (を)印刷する	0315	
動 (を)引く	0320	
動 …かなと思う	0318	

✿ Unit 15 の復習テスト　▶ わからないときは前 Unit で確認しましょう。

意　味	ID	単語を書こう
副 ついに，最後に	0296	
助動 (もしかすると)〜かもしれない	0300	
副 1人で，独力で，〜だけ	0297	
副 最近，近ごろ	0299	
形 人間の，人間的な	0283	
形 類似した，同種の	0287	
形 伝統的な	0281	
形 パート(タイム)の，非常勤の	0288	
副 なかなか，結構	0294	
形 (2者のうち)どちらか(一方)の，どちらでも	0285	

意　味	ID	単語を書こう
形 中心(部)の	0291	
形 凍った	0290	
形 安い	0284	
形 ロシアの，ロシア人[語]の	0282	
副 それゆえに	0298	
形 (声や音が)大きい，騒々しい	0292	
形 プロの，専門の	0286	
副 (返答として)もちろんです，(しばしば文修飾)確かに	0295	
形 奇術の，魔法の	0293	
形 全体の	0289	

学習日　　　月　　　日

単語	1回目	2回目	3回目	意味
0321 **push** [pʊʃ]	→			働 (を)押す
0322 **shake** [ʃeɪk]	→			働 を振る, 揺れる
0323 **agree** [əgríː]	→			働 賛成する, 同意する
0324 **mean** [miːn]	→			働 を意味する
0325 **mind** [maɪnd]	→			働 (を)気にする [嫌がる], (に)気をつける
0326 **improve** [ɪmprúːv]	→			働 を改良 [改善] する, 良くなる
0327 **include** [ɪnklúːd]	→			働 を含む
0328 **enter** [éntər]	→			働 に入る, に参加 [出場] する
0329 **communicate** [kəmjúːnɪkèɪt]	→			働 意思を通じ合う
0330 **tourist** [túərəst]	→			图 観光客, 旅行者
0331 **center** [séntər]	→			图 中心, センター
0332 **attention** [əténʃən]	→			图 注目, 注意
0333 **couple** [kʌ́pl]	→			图 カップル, 2つ3つ, 一対
0334 **license** [láɪsəns]	→			图 免許 (証)
0335 **kid** [kɪd]	→			图 子供
0336 **desert** [dézərt]	→			图 砂漠, 荒れ野
0337 **invention** [ɪnvénʃən]	→			图 発明 (品)
0338 **chemistry** [kémɪstri]	→			图 化学
0339 **neighborhood** [néɪbərhʊ̀d]	→			图 近所, 地域
0340 **officer** [á(ː)fəsər]	→			图 警官, 役人

記憶から引き出す

意味	ID	単語を書こう
動 賛成する，同意する	0323	
名 免許(証)	0334	
動 意思を通じ合う	0329	
名 注目，注意	0332	
名 発明(品)	0337	
動 (を)押す	0321	
動 に入る，に参加［出場］する	0328	
名 観光客，旅行者	0330	
動 を改良［改善］する，良くなる	0326	
動 を振る，揺れる	0322	

意味	ID	単語を書こう
動 を含む	0327	
名 警官，役人	0340	
動 を意味する	0324	
名 化学	0338	
名 砂漠，荒れ野	0336	
動 (を)気にする［嫌がる］，(に)気をつける	0325	
名 子供	0335	
名 近所，地域	0339	
名 中心，センター	0331	
名 カップル，2つ3つ，一対	0333	

Unit 16の復習テスト

わからないときは前Unitで確認しましょう。

意味	ID	単語を書こう
動 (___ *A B*で) AにBを貸す	0316	
動 に(サイズが)ぴったり合う，に適している	0305	
動 を覆う	0308	
動 を続ける，続く	0312	
動 (を)祝う	0306	
動 を形作る，を形成する	0314	
動 (を)撮影する，を映画化する	0304	
動 を我慢する，立っている	0301	
動 死ぬ	0319	
動 を発見する	0311	

意味	ID	単語を書こう
動 (を)約束する	0303	
動 ストレッチをする，のびる，をのばす	0307	
動 に直面する，の方を向く	0313	
動 を悟る，を実現する	0317	
動 (を)印刷する	0315	
動 を開発する，を発達させる，発達する	0309	
動 に到着する	0302	
動 …かなと思う	0318	
動 を解決する	0310	
動 (を)引く	0320	

学習日　　　　月　　　日

単 語	1回目	2回目	3回目	意 味
0341 moment [móumənt]	→		↓	图 瞬間，時点
0342 rock [rɑ(:)k]	→		↓	图 岩
0343 cart [kɑːrt]	→		↓	图 ショッピングカート，(食事を運ぶ)ワゴン，荷馬車
0344 grass [græs]	→		↓	图 (通例 the ～)芝生，草
0345 traffic [tráfɪk]	→		↓	图 交通(量)
0346 staff [stæf]	→		↓	图 (集合的に)スタッフ，職員
0347 snake [sneɪk]	→		↓	图 ヘビ
0348 grocery [gróusəri]	→		↓	图 (～ies)食料雑貨，食料雑貨店
0349 fee [fiː]	→		↓	图 料金，謝礼
0350 clothing [klóuðɪŋ]	→		↓	图 (集合的に)衣服，衣類
0351 training [tréɪnɪŋ]	→		↓	图 訓練，トレーニング
0352 yoga [jóugə]	→		↓	图 ヨガ
0353 truck [trʌk]	→		↓	图 トラック
0354 forest [fɔ́(:)rəst]	→		↓	图 森林(地帯)，山林
0355 flavor [fléɪvər]	→		↓	图 味，風味，趣
0356 weight [weɪt]	→		↓	图 重さ，体重
0357 subway [sʌ́bwèɪ]	→		↓	图 (通例 the ～)地下鉄
0358 discovery [dɪskʌ́vəri]	→		↓	图 発見
0359 oven [ʌ́vən]	→		↓	图 オーブン，天火
0360 ID [àɪ díː]	→		↓	图 身分証明(書)

✿ 記憶から引き出す

意 味	ID	単語を書こう
图 味, 風味, 趣	0355	
图 (集合的に)スタッフ, 職員	0346	
图 オーブン, 天火	0359	
图 (通例 the 〜)芝生, 草	0344	
图 訓練, トレーニング	0351	
图 重さ, 体重	0356	
图 交通(量)	0345	
图 (〜ies)食料雑貨, 食料雑貨店	0348	
图 トラック	0353	
图 瞬間, 時点	0341	

意 味	ID	単語を書こう
图 身分証明(書)	0360	
图 料金, 謝礼	0349	
图 岩	0342	
图 ヨガ	0352	
图 ヘビ	0347	
图 ショッピングカート, (食事を運ぶ)ワゴン, 荷馬車	0343	
图 森林(地帯), 山林	0354	
图 発見	0358	
图 (集合的に)衣服, 衣類	0350	
图 (通例 the 〜)地下鉄	0357	

✿ Unit 17の復習テスト　わからないときは前Unitで確認しましょう。

意 味	ID	単語を書こう
图 カップル, 2つ3つ, 一対	0333	
動 を改良[改善]する, 良くなる	0326	
图 砂漠, 荒れ野	0336	
图 免許(証)	0334	
動 に入る, に参加[出場]する	0328	
图 警官, 役人	0340	
動 意思を通じ合う	0329	
動 を意味する	0324	
图 発明(品)	0337	
動 (を)押す	0321	

意 味	ID	単語を書こう
動 を含む	0327	
動 賛成する, 同意する	0323	
图 注目, 注意	0332	
動 を振る, 揺れる	0322	
图 化学	0338	
图 中心, センター	0331	
图 子供	0335	
图 観光客, 旅行者	0330	
動 (を)気にする[嫌がる], (に)気をつける	0325	
图 近所, 地域	0339	

学習日　　　　月　　　日

単語	♪ 1回目	👁 2回目	👁 3回目	意味
0361 beginner [bɪgínər]	→			图 初心者, 初学者
0362 cough [kɔːf]	→			图 せき
0363 firework [fáɪərwə̀ːrk]	→			图 (通例 ~s)花火
0364 flag [flæg]	→			图 旗
0365 housework [háʊswə̀ːrk]	→			图 家事
0366 ant [ænt]	→			图 アリ
0367 ground [graʊnd]	→			图 (通例 the ~)地面, 土地
0368 schedule [skédʒuːl]	→			图 予定(表), スケジュール
0369 noise [nɔɪz]	→			图 騒音
0370 storm [stɔːrm]	→			图 嵐, 暴風雨
0371 shelf [ʃelf]	→			图 棚, 棚板
0372 elevator [élɪvèɪtər]	→			图 エレベーター
0373 Pacific [pəsífɪk]	→			形 太平洋(沿岸)の
0374 careful [kéərfəl]	→			形 注意深い
0375 public [pʌ́blɪk]	→			形 公共の, 公立の
0376 British [bríṭɪʃ]	→			形 英国の
0377 friendly [fréndli]	→			形 友好的な, 人なつっこい
0378 native [néɪṭɪv]	→			形 生まれた土地の, その土地[国]固有の
0379 excellent [éksələnt]	→			形 優れた
0380 nearby [nìərbái]	→			形 近くの

✖ 記憶から引き出す

意 味	ID	単語を書こう
形 近くの	0380	
形 友好的な，人なつっこい	0377	
名 せき	0362	
形 優れた	0379	
名 アリ	0366	
形 太平洋（沿岸）の	0373	
名 騒音	0369	
名 エレベーター	0372	
形 生まれた土地の，その土地［国］固有の	0378	
名 棚，棚板	0371	

意 味	ID	単語を書こう
名 旗	0364	
名 嵐，暴風雨	0370	
名 （通例 the ～）地面，土地	0367	
形 英国の	0376	
形 注意深い	0374	
名 家事	0365	
名 初心者，初学者	0361	
名 （通例 ～s）花火	0363	
名 予定（表），スケジュール	0368	
形 公共の，公立の	0375	

単語編

でる度
A
↓
0361
～
0380

✖ Unit 18の復習テスト　わからないときは前Unitで確認しましょう。

意 味	ID	単語を書こう
名 ショッピングカート，（食事を運ぶ）ワゴン，荷馬車	0343	
名 重さ，体重	0356	
名 岩	0342	
名 訓練，トレーニング	0351	
名 オーブン，天火	0359	
名 交通（量）	0345	
名 トラック	0353	
名 身分証明（書）	0360	
名 （集合的に）スタッフ，職員	0346	
名 （通例 the ～）地下鉄	0357	

意 味	ID	単語を書こう
名 （集合的に）衣服，衣類	0350	
名 味，風味，趣	0355	
名 （～ies）食料雑貨，食料雑貨店	0348	
名 （通例 the ～）芝生，草	0344	
名 料金，謝礼	0349	
名 ヨガ	0352	
名 発見	0358	
名 ヘビ	0347	
名 森林（地帯），山林	0354	
名 瞬間，時点	0341	

学習日　　　　月　　　日

単 語	1回目	2回目	3回目	意 味
0381 **huge** [hju:dʒ]	→			形 巨大な
0382 **main** [meɪn]	→			形 主な
0383 **fresh** [freʃ]	→			形 新鮮な，真新しい， 生き生きとした
0384 **usual** [júːʒuəl]	→			形 いつもの，普通の
0385 **boring** [bɔ́ːrɪŋ]	→			形 退屈な
0386 **colorful** [kʌ́lərfəl]	→			形 色彩豊かな， 色鮮やかな
0387 **scary** [skéəri]	→			形 恐ろしい，怖い
0388 **spicy** [spáɪsi]	→			形 ぴりっとした， 薬味の効いている
0389 **nervous** [nɔ́ːrvəs]	→			形 緊張している， 神経質な，心配して
0390 **convenient** [kənvíːniənt]	→			形 便利な
0391 **wide** [waɪd]	→			形 (範囲や幅が) 広い
0392 **elementary** [èlɪméntəri]	→			形 初等教育の，初級の
0393 **once** [wʌns]	→			副 一度，かつて
0394 **anymore** [ènimɔ́ːr]	→			副 (否定文で)これ以上(～ ない)
0395 **almost** [ɔ́ːlmòʊst]	→			副 もう少しで(～すると ころだ)，ほとんど
0396 **carefully** [kéərfəli]	→			副 注意して，気をつけて
0397 **luckily** [lʌ́kɪli]	→			副 運良く
0398 **outdoors** [àʊtdɔ́ːrz]	→			副 屋外で [に]
0399 **clearly** [klíərli]	→			副 はっきりと， わかりやすく
0400 **against** [əgénst]	→			前 ～を対戦相手として， ～に反対して

❀ 記憶から引き出す

意 味	ID	単語を書こう
副 (否定文で)これ以上(～ない)	0394	
形 ぴりっとした, 薬味の効いている	0388	
形 新鮮な, 真新しい, 生き生きとした	0383	
副 一度, かつて	0393	
形 便利な	0390	
形 主な	0382	
副 屋外で[に]	0398	
前 ～を対戦相手として, ～に反対して	0400	
副 注意して, 気をつけて	0396	
形 緊張している, 神経質な, 心配して	0389	

意 味	ID	単語を書こう
形 色彩豊かな, 色鮮やかな	0386	
副 運良く	0397	
形 初等教育の, 初級の	0392	
副 もう少しで(～するところだ), ほとんど	0395	
形 恐ろしい, 怖い	0387	
副 はっきりと, わかりやすく	0399	
形 いつもの, 普通の	0384	
形 巨大な	0381	
形 (範囲や幅が)広い	0391	
形 退屈な	0385	

❀ Unit 19の復習テスト　わからないときは前Unitで確認しましょう。

意 味	ID	単語を書こう
名 アリ	0366	
形 太平洋(沿岸)の	0373	
形 公共の, 公立の	0375	
名 嵐, 暴風雨	0370	
名 旗	0364	
名 初心者, 初学者	0361	
名 エレベーター	0372	
名 家事	0365	
形 友好的な, 人なつっこい	0377	
名 せき	0362	

意 味	ID	単語を書こう
形 生まれた土地の, その土地[国]固有の	0378	
名 騒音	0369	
名 棚, 棚板	0371	
形 近くの	0380	
形 優れた	0379	
名 予定(表), スケジュール	0368	
形 注意深い	0374	
名 (通例～s)花火	0363	
形 英国の	0376	
名 (通例the～)地面, 土地	0367	

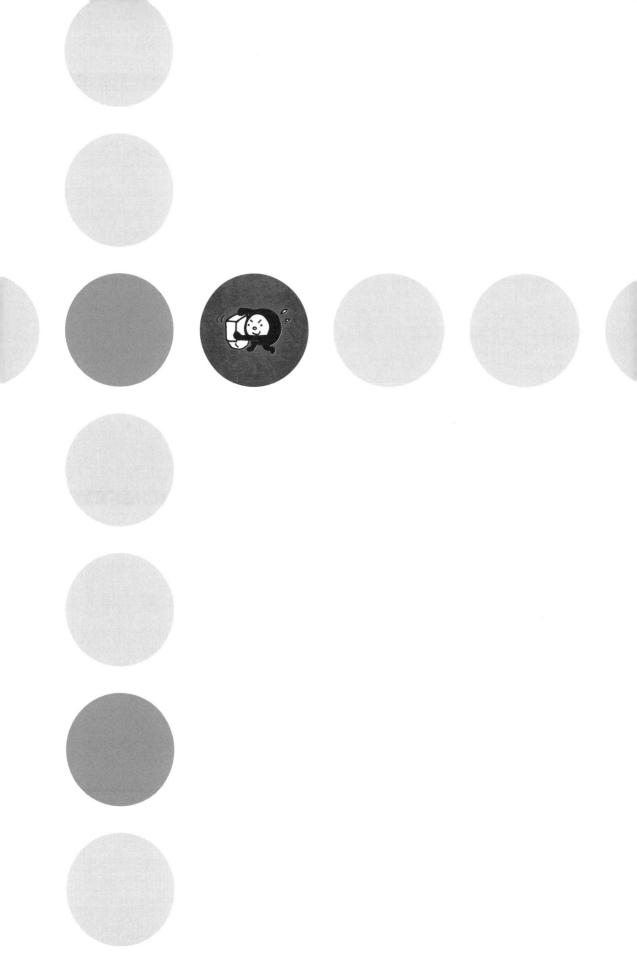

単語編

でる度 **B**　よくでる重要単語　**400**

Section 5　**Unit 21 ~ 25**
Section 6　**Unit 26 ~ 30**
Section 7　**Unit 31 ~ 35**
Section 8　**Unit 36 ~ 40**

学習日　　　　　　　　月　　　日

単語	1回目	2回目	3回目	意　味
0401 **connect** [kənékt]	→			動 をつなぐ
0402 **suppose** [səpóuz]	→			動 (be supposed to do で) 〜することになってい る，と仮定する
0403 **fail** [feɪl]	→			動 に不合格になる， 失敗する
0404 **display** [dɪspléɪ]	→			動 を展示する，を示す
0405 **compete** [kəmpíːt]	→			動 競争する
0406 **explore** [ɪksplɔ́ːr]	→			動 (を)探検する， (を)調査する
0407 **raise** [reɪz]	→			動 を調達する，を育てる， を上げる
0408 **contact** [kɑ́(ː)ntækt]	→			動 と連絡をとる， (と)接触する
0409 **attend** [əténd]	→			動 (に)出席する， の世話をする
0410 **remove** [rɪmúːv]	→			動 を取り除く， を移動させる
0411 **complete** [kəmplíːt]	→			動 を達成する， を完全なものにする
0412 **gain** [geɪn]	→			動 を得る，を増す
0413 **balance** [bǽləns]	→			動 (の)バランスをとる
0414 **decorate** [dékərèɪt]	→			動 を飾る
0415 **gather** [gǽðər]	→			動 集まる，を集める
0416 **bother** [bɑ́(ː)ðər]	→			動 (人)に迷惑をかける， (人)を悩ます
0417 **retire** [rɪtáɪər]	→			動 引退する
0418 **hate** [heɪt]	→			動 をひどく嫌う，を憎む
0419 **hug** [hʌg]	→			動 (人など)を抱き締める
0420 **support** [səpɔ́ːrt]	→			動 を支持する，を支える

✿ 記憶から引き出す

意 味	ID	単語を書こう
動 (be ___d to do で)〜することになっている, と仮定する	0402	
動 競争する	0405	
動 (人)に迷惑をかける, (人)を悩ます	0416	
動 を支持する, を支える	0420	
動 を調達する, を育てる, を上げる	0407	
動 (を)探検する, (を)調査する	0406	
動 集まる, を集める	0415	
動 (人など)を抱き締める	0419	
動 を得る, を増す	0412	
動 を飾る	0414	

意 味	ID	単語を書こう
動 をひどく嫌う, を憎む	0418	
動 (に)出席する, の世話をする	0409	
動 と連絡をとる, (と)接触する	0408	
動 に不合格になる, 失敗する	0403	
動 をつなぐ	0401	
動 (の)バランスをとる	0413	
動 を取り除く, を移動させる	0410	
動 を展示する, を示す	0404	
動 を達成する, を完全なものにする	0411	
動 引退する	0417	

✿ Unit 20 の復習テスト　わからないときは前Unitで確認しましょう。

意 味	ID	単語を書こう
副 はっきりと, わかりやすく	0399	
形 いつもの, 普通の	0384	
形 ぴりっとした, 薬味の効いている	0388	
副 (否定文で)これ以上(〜ない)	0394	
形 退屈な	0385	
副 もう少しで(〜するところだ), ほとんど	0395	
形 色彩豊かな, 色鮮やかな	0386	
形 (範囲や幅が)広い	0391	
副 注意して, 気をつけて	0396	
形 便利な	0390	

意 味	ID	単語を書こう
形 新鮮な, 真新しい, 生き生きとした	0383	
形 緊張している, 神経質な, 心配して	0389	
形 恐ろしい, 怖い	0387	
形 主な	0382	
副 運良く	0397	
副 一度, かつて	0393	
前 〜を対戦相手として, 〜に反対して	0400	
形 初等教育の, 初級の	0392	
副 屋外で[に]	0398	
形 巨大な	0381	

学習日　　　月　　　日

単語	1回目	2回目	3回目	意味
0421 **touch** [tʌtʃ]	→			動 (に)触れる， を感動させる
0422 **scare** [skeər]	→			動 (受身形で)恐れる， をおびえさせる
0423 **hire** [háɪər]	→			動 を雇う
0424 **expect** [ɪkspékt]	→			動 を予期する， を期待する
0425 **publish** [pʌ́blɪʃ]	→			動 を出版する
0426 **attack** [ətǽk]	→			動 (を)攻撃する
0427 **measure** [méʒər]	→			動 を測定する
0428 **discuss** [dɪskʌ́s]	→			動 について議論[検討]する
0429 **examination** [ɪgzæ̀mɪnéɪʃən]	→			名 試験
0430 **research** [ríːsəːrtʃ]	→			名 調査，研究
0431 **amount** [əmáʊnt]	→			名 量，(the ~)合計
0432 **announcement** [ənáʊnsmənt]	→			名 発表，アナウンス
0433 **screen** [skriːn]	→			名 画面，スクリーン， 仕切り
0434 **advice** [ədváɪs]	→			名 忠告，助言
0435 **distance** [dístəns]	→			名 距離
0436 **shopper** [ʃɑ́(ː)pər]	→			名 買い物客
0437 **director** [dəréktər]	→			名 (映画などの)監督， 管理者
0438 **technique** [tekníːk]	→			名 技術，技法
0439 **average** [ǽvərɪdʒ]	→			名 平均
0440 **gallery** [gǽləri]	→			名 美術館，画廊

✿ 記憶から引き出す

意　味	ID	単語を書こう
图 試験	0429	
動 (を)攻撃する	0426	
图 調査，研究	0430	
图 忠告，助言	0434	
图 買い物客	0436	
動 について議論[検討]する	0428	
图 技術，技法	0438	
图 美術館，画廊	0440	
图 (映画などの)監督，管理者	0437	
動 (受身形で)恐れる，をおびえさせる	0422	

意　味	ID	単語を書こう
動 を測定する	0427	
動 を予期する，を期待する	0424	
图 量，(the ～)合計	0431	
图 発表，アナウンス	0432	
動 (に)触れる，を感動させる	0421	
图 画面，スクリーン，仕切り	0433	
動 を出版する	0425	
图 平均	0439	
動 を雇う	0423	
图 距離	0435	

単語編

でる度
B
↓
0421
～
0440

✿ Unit 21の復習テスト ▶ わからないときは前Unitで確認しましょう。

意　味	ID	単語を書こう
動 を展示する，を示す	0404	
動 を取り除く，を移動させる	0410	
動 をひどく嫌う，を憎む	0418	
動 (be ___d to do で)～することになっている，と仮定する	0402	
動 (人)に迷惑をかける，(人)を悩ます	0416	
動 に不合格になる，失敗する	0403	
動 を調達する，を育てる，を上げる	0407	
動 引退する	0417	
動 を支持する，を支える	0420	
動 を飾る	0414	

意　味	ID	単語を書こう
動 を達成する，を完全なものにする	0411	
動 (を)探検する，(を)調査する	0406	
動 (人など)を抱き締める	0419	
動 集まる，を集める	0415	
動 と連絡をとる，(と)接触する	0408	
動 競争する	0405	
動 を得る，を増す	0412	
動 (に)出席する，の世話をする	0409	
動 (の)バランスをとる	0413	
動 をつなぐ	0401	

単語	1回目	2回目	3回目	意味
0441 **convenience** [kənví:niəns]	→			图 便利
0442 **application** [æ̀plɪkéɪʃən]	→			图 申し込み，適用
0443 **state** [steɪt]	→			图 (ふつう S-) 州， (しばしば S-) 国家
0444 **amusement** [əmjú:zmənt]	→			图 娯楽，楽しみ
0445 **sight** [saɪt]	→			图 視力，見ること，光景
0446 **matter** [mǽtər]	→			图 問題，(~s)困難， 物質
0447 **sauce** [sɔːs]	→			图 ソース
0448 **bottom** [bá(:)təm]	→			图 (the ~)底， (通例 the ~)下部
0449 **corner** [kɔ́ːrnər]	→			图 角，隅
0450 **principal** [prínsəpəl]	→			图 校長
0451 **homestay** [hóumstèɪ]	→			图 ホームステイ
0452 **jellyfish** [dʒélifìʃ]	→			图 クラゲ
0453 **percent** [pərsént]	→			图 パーセント
0454 **lifestyle** [láɪfstàɪl]	→			图 ライフスタイル， (個人の)生き方
0455 **career** [kəríər]	→			图 職業，仕事，キャリア
0456 **goal** [goʊl]	→			图 目標，ゴール
0457 **chef** [ʃef]	→			图 シェフ，料理人
0458 **fashion** [fǽʃən]	→			图 ファッション，流行
0459 **relative** [rélətɪv]	→			图 親戚
0460 **credit** [krédət]	→			图 クレジット，信用

✤ 記憶から引き出す

意 味	ID	単語を書こう
名 申し込み，適用	0442	
名 クラゲ	0452	
名 (ふつう S-) 州，(しばしば S-) 国家	0443	
名 ソース	0447	
名 親戚	0459	
名 角，隅	0449	
名 シェフ，料理人	0457	
名 職業，仕事，キャリア	0455	
名 便利	0441	
名 ライフスタイル，(個人の) 生き方	0454	

意 味	ID	単語を書こう
名 目標，ゴール	0456	
名 クレジット，信用	0460	
名 視力，見ること，光景	0445	
名 校長	0450	
名 ファッション，流行	0458	
名 ホームステイ	0451	
名 パーセント	0453	
名 (the ～) 底，(通例 the ～) 下部	0448	
名 娯楽，楽しみ	0444	
名 問題，(～s) 困難，物質	0446	

単語編

でる度
B
↓
0441
～
0460

✤ Unit 22の復習テスト ▶ わからないときは前Unitで確認しましょう。

意 味	ID	単語を書こう
動 を測定する	0427	
名 技術，技法	0438	
名 量，(the ～) 合計	0431	
名 忠告，助言	0434	
動 (に) 触れる，を感動させる	0421	
名 調査，研究	0430	
動 について議論 [検討] する	0428	
名 (映画などの) 監督，管理者	0437	
名 画面，スクリーン，仕切り	0433	
動 (を) 攻撃する	0426	

意 味	ID	単語を書こう
名 平均	0439	
動 を雇う	0423	
名 試験	0429	
動 を出版する	0425	
名 買い物客	0436	
動 (受身形で) 恐れる，をおびえさせる	0422	
名 距離	0435	
動 を予期する，を期待する	0424	
名 美術館，画廊	0440	
名 発表，アナウンス	0432	

単　語	1回目	2回目	3回目	意　味
0461 **challenge** [tʃǽlɪndʒ]	→	↓		图 (挑戦に値する) 課題, 難題, 挑戦
0462 **luck** [lʌk]	→	↓		图 幸運, 運
0463 **backyard** [bǽkjɑ́:rd]	→	↓		图 裏庭
0464 **emergency** [ɪmɔ́:rdʒənsi]	→	↓		图 緊急事態
0465 **favor** [féɪvər]	→	↓		图 親切な行為, 好意
0466 **Olympics** [əlímpɪks]	→	↓		图 (the ~) 国際オリンピック大会
0467 **fever** [fí:vər]	→	↓		图 熱
0468 **campus** [kǽmpəs]	→	↓		图 (大学・高校などの) キャンパス, 構内
0469 **photographer** [fətá(:)grəfər]	→	↓		图 写真家, カメラマン
0470 **bar** [bɑ:r]	→	↓		图 棒 [板] 状のもの, バー
0471 **laundry** [lɔ́:ndri]	→	↓		图 洗濯物, 洗濯
0472 **refrigerator** [rɪfrídʒərèɪtər]	→	↓		图 冷蔵庫
0473 **modern** [má(:)dərn]	→	↓		形 現代の, 近代の
0474 **common** [ká(:)mən]	→	↓		形 共通の, 普通の
0475 **extra** [ékstrə]	→	↓		形 追加の, 余分の
0476 **national** [nǽʃənəl]	→	↓		形 全国的な, 国民の, 国立の
0477 **real** [rí:əl]	→	↓		形 本当の, 真の, 実在する
0478 **comfortable** [kʌ́mfərtəbl]	→	↓		形 快適な
0479 **possible** [pá(:)səbl]	→	↓		形 可能な, あり得る
0480 **recent** [rí:sənt]	→	↓		形 最近の

✖ 記憶から引き出す

意 味	ID	単語を書こう
形 快適な	0478	
名 裏庭	0463	
形 最近の	0480	
名 緊急事態	0464	
形 共通の，普通の	0474	
名 (大学・高校などの)キャンパス，構内	0468	
形 追加の，余分の	0475	
名 (the ~) 国際オリンピック大会	0466	
名 冷蔵庫	0472	
名 親切な行為，好意	0465	

意 味	ID	単語を書こう
名 (挑戦に値する)課題，難題，挑戦	0461	
形 現代の，近代の	0473	
名 写真家，カメラマン	0469	
形 全国的な，国民の，国立の	0476	
名 洗濯物，洗濯	0471	
名 熱	0467	
名 棒[板]状のもの，バー	0470	
形 可能な，あり得る	0479	
名 幸運，運	0462	
形 本当の，真の，実在する	0477	

✖ Unit 23の復習テスト　〔わからないときは前Unitで確認しましょう。〕

意 味	ID	単語を書こう
名 職業，仕事，キャリア	0455	
名 (ふつう S-)州，(しばしば S-)国家	0443	
名 校長	0450	
名 問題，(~s)困難，物質	0446	
名 ライフスタイル，(個人の)生き方	0454	
名 ソース	0447	
名 ファッション，流行	0458	
名 角，隅	0449	
名 親戚	0459	
名 視力，見ること，光景	0445	

意 味	ID	単語を書こう
名 便利	0441	
名 シェフ，料理人	0457	
名 ホームステイ	0451	
名 クレジット，信用	0460	
名 申し込み，適用	0442	
名 パーセント	0453	
名 娯楽，楽しみ	0444	
名 クラゲ	0452	
名 (the ~)底，(通例 the ~)下部	0448	
名 目標，ゴール	0456	

学習日　　　　月　　　日

単語	1回目	2回目	3回目	意 味
0481 **least** [liːst]	→			形 最も少ない，最も小さい
0482 **normal** [nɔ́ːrməl]	→			形 普通の，標準の
0483 **international** [ìntərnǽʃənəl]	→			形 国際的な
0484 **asleep** [əslíːp]	→			形 眠って
0485 **active** [ǽktɪv]	→			形 活動的な，積極的な
0486 **lonely** [lóʊnli]	→			形 寂しい
0487 **regular** [régjʊlər]	→			形 通常の，規則正しい
0488 **bright** [braɪt]	→			形 明るい，利口な
0489 **correct** [kərékt]	→			形 正しい，適切な
0490 **relaxing** [rɪlǽksɪŋ]	→			形 くつろがせる，リラックスさせる
0491 **unfortunately** [ʌnfɔ́ːrtʃənətli]	→			副 残念ながら，不運にも
0492 **downtown** [dàʊntáʊn]	→			副 (町の)中心部へ [で]，商業地区へ [で]
0493 **mostly** [móʊstli]	→			副 主として，大部分は
0494 **nearly** [níərli]	→			副 ほとんど
0495 **heavily** [hévɪli]	→			副 (程度が)非常に，激しく，重そうに
0496 **anytime** [énitàɪm]	→			副 いつでも，常に
0497 **except** [ɪksépt]	→			前 ~を除いては，~の他は
0498 **behind** [bɪháɪnd]	→			前 ~の後ろに
0499 **neither** [níːðər]	→			代 どちらも~ない
0500 **none** [nʌn]	→			代 1つも [誰も]~ない

✿ 記憶から引き出す

意　味	ID	単語を書こう
形 活動的な，積極的な	0485	
形 最も少ない，最も小さい	0481	
形 寂しい	0486	
形 くつろがせる，リラックスさせる	0490	
代 1つも [誰も] ～ない	0500	
副 いつでも，常に	0496	
前 ～を除いては，～の他は	0497	
形 正しい，適切な	0489	
形 国際的な	0483	
代 どちらも～ない	0499	

意　味	ID	単語を書こう
副 (程度が)非常に，激しく，重そうに	0495	
副 主として，大部分は	0493	
副 残念ながら，不運にも	0491	
形 通常の，規則正しい	0487	
副 ほとんど	0494	
形 眠って	0484	
形 明るい，利口な	0488	
形 普通の，標準の	0482	
前 ～の後ろに	0498	
副 (町の)中心部へ [で]，商業地区へ [で]	0492	

単語編

でる度
B
↓
0481
～
0500

✿ Unit 24 の復習テスト　　わからないときは前Unitで確認しましょう。

意　味	ID	単語を書こう
名 写真家，カメラマン	0469	
形 追加の，余分の	0475	
名 幸運，運	0462	
形 快適な	0478	
名 裏庭	0463	
形 全国的な，国民の，国立の	0476	
名 (挑戦に値する)課題，難題，挑戦	0461	
名 棒 [板] 状のもの，バー	0470	
名 熱	0467	
名 緊急事態	0464	

意　味	ID	単語を書こう
形 本当の，真の，実在する	0477	
名 (大学・高校などの)キャンパス，構内	0468	
形 可能な，あり得る	0479	
形 現代の，近代の	0473	
名 冷蔵庫	0472	
形 最近の	0480	
形 共通の，普通の	0474	
名 (the ～)国際オリンピック大会	0466	
名 洗濯物，洗濯	0471	
名 親切な行為，好意	0465	

学習日　　　月　　　日

単 語	1回目	2回目	3回目	意 味
0501 **lay** [leɪ]	→			動 を横たえる，を敷く
0502 **block** [blɑ(:)k]	→			動 を邪魔する，をふさぐ
0503 **hunt** [hʌnt]	→			動 探し求める，(を)狩る
0504 **grill** [grɪl]	→			動 (肉・魚など)を焼き網で焼く
0505 **count** [kaʊnt]	→			動 (を)数える
0506 **guard** [gɑːrd]	→			動 を守る，を監視する
0507 **lift** [lɪft]	→			動 を持ち上げる
0508 **hit** [hɪt]	→			動 を打つ，にぶつかる
0509 **pour** [pɔːr]	→			動 を注ぐ， (雨が)激しく降る
0510 **confuse** [kənfjúːz]	→			動 を混同する
0511 **press** [pres]	→			動 (を)押す，(に)アイロンをかける
0512 **broadcast** [brɔ́ːdkæst]	→			動 (を)放送する
0513 **lie** [laɪ]	→			動 うそをつく
0514 **review** [rɪvjúː]	→			動 (を)復習する， をよく調べる
0515 **quit** [kwɪt]	→			動 (を)やめる
0516 **remind** [rɪmáɪnd]	→			動 に思い出させる
0517 **separate** [sépərèɪt]	→			動 を分ける， (を)分離する
0518 **wipe** [waɪp]	→			動 を(布などで)ふく
0519 **rescue** [réskjuː]	→			動 を救助する
0520 **translate** [trǽnsleɪt]	→			動 を翻訳する

記憶から引き出す

意味	ID	単語を書こう
動 を混同する	0510	
動 を横たえる，を敷く	0501	
動 を持ち上げる	0507	
動 を分ける，(を)分離する	0517	
動 (を)押す，(に)アイロンをかける	0511	
動 (肉・魚など)を焼き網で焼く	0504	
動 を(布などで)ふく	0518	
動 を守る，を監視する	0506	
動 に思い出させる	0516	
動 を打つ，にぶつかる	0508	

意味	ID	単語を書こう
動 (を)放送する	0512	
動 探し求める，(を)狩る	0503	
動 (を)やめる	0515	
動 (を)数える	0505	
動 (を)復習する，をよく調べる	0514	
動 を救助する	0519	
動 を翻訳する	0520	
動 を邪魔する，をふさぐ	0502	
動 うそをつく	0513	
動 を注ぐ，(雨が)激しく降る	0509	

Unit 25の復習テスト わからないときは前Unitで確認しましょう。

意味	ID	単語を書こう
形 国際的な	0483	
形 通常の，規則正しい	0487	
副 (程度が)非常に，激しく，重そうに	0495	
代 どちらも～ない	0499	
形 正しい，適切な	0489	
代 1つも[誰も]～ない	0500	
副 主として，大部分は	0493	
形 明るい，利口な	0488	
形 くつろがせる，リラックスさせる	0490	
形 眠って	0484	

意味	ID	単語を書こう
副 いつでも，常に	0496	
副 残念ながら，不運にも	0491	
形 寂しい	0486	
副 (町の)中心部へ[で]，商業地区へ[で]	0492	
形 活動的な，積極的な	0485	
前 ～を除いては，～の他は	0497	
形 普通の，標準の	0482	
前 ～の後ろに	0498	
副 ほとんど	0494	
形 最も少ない，最も小さい	0481	

学習日　　　　　　月　　　日

単語	1回目	2回目	3回目	意味
0521 **fight** [faɪt]	→			動 戦う
0522 **invitation** [ìnvɪtéɪʃən]	→		↓	名 招待
0523 **trash** [træʃ]	→		↓	名 ゴミ，くず
0524 **success** [səksés]	→		↓	名 成功
0525 **safety** [séɪfti]	→		↓	名 安全
0526 **tradition** [trədíʃən]	→		↓	名 伝統
0527 **tournament** [túərnəmənt]	→		↓	名 トーナメント， 勝ち抜き試合
0528 **spot** [spɑ(:)t]	→		↓	名 小さな点，斑点，場所
0529 **title** [táɪtl]	→		↓	名 題名
0530 **science fiction** [sàɪəns fíkʃən]	→		↓	名 SF，空想科学小説
0531 **weekday** [wíːkdèɪ]	→		↓	名 平日
0532 **spider** [spáɪdər]	→		↓	名 クモ
0533 **sausage** [sɔ́(:)sɪdʒ]	→		↓	名 ソーセージ
0534 **seafood** [síːfùːd]	→		↓	名 シーフード
0535 **boyfriend** [bɔ́ɪfrènd]	→		↓	名 男性の恋人
0536 **diver** [dáɪvər]	→		↓	名 ダイバー，潜水士
0537 **trick** [trɪk]	→		↓	名 手品，いたずら，策略
0538 **memory** [méməri]	→		↓	名 思い出，記憶力
0539 **article** [áːrṭɪkl]	→		↓	名 記事
0540 **membership** [mémbərʃɪp]	→		↓	名 会員であること， 会員の地位 [資格]

❋ 記憶から引き出す

意 味	ID	単語を書こう
名 男性の恋人	0535	
名 ゴミ，くず	0523	
名 平日	0531	
名 ダイバー，潜水士	0536	
名 招待	0522	
名 クモ	0532	
名 安全	0525	
名 ソーセージ	0533	
名 手品，いたずら，策略	0537	
名 小さな点，斑点，場所	0528	

意 味	ID	単語を書こう
名 シーフード	0534	
名 会員であること，会員の地位［資格］	0540	
名 成功	0524	
名 記事	0539	
名 題名	0529	
名 思い出，記憶力	0538	
動 戦う	0521	
名 トーナメント，勝ち抜き試合	0527	
名 SF，空想科学小説	0530	
名 伝統	0526	

でる度
B
↓
0521
～
0540

❋ Unit 26 の復習テスト　　わからないときは前Unitで確認しましょう。

意 味	ID	単語を書こう
動 を持ち上げる	0507	
動 を翻訳する	0520	
動 に思い出させる	0516	
動 を打つ，にぶつかる	0508	
動 (を)やめる	0515	
動 (肉・魚など)を焼き網で焼く	0504	
動 うそをつく	0513	
動 を邪魔する，をふさぐ	0502	
動 を(布などで)ふく	0518	
動 (を)放送する	0512	

意 味	ID	単語を書こう
動 (を)数える	0505	
動 を横たえる，を敷く	0501	
動 を守る，を監視する	0506	
動 を混同する	0510	
動 探し求める，(を)狩る	0503	
動 (を)押す，(に)アイロンをかける	0511	
動 (を)復習する，をよく調べる	0514	
動 を救助する	0519	
動 を注ぐ，(雨が)激しく降る	0509	
動 を分ける，(を)分離する	0517	

単語	1回目	2回目	3回目	意　味
0541 **factory** [fǽktəri]	→			名 工場
0542 **coupon** [kjúːpɑ(ː)n]	→			名 割引券，クーポン
0543 **coach** [koutʃ]	→			名 コーチ
0544 **battery** [bǽṭəri]	→			名 電池，バッテリー
0545 **interest** [íntərəst]	→			名 興味
0546 **knee** [niː]	→			名 膝
0547 **character** [kǽrəktər]	→			名 登場人物，特徴，性格
0548 **detail** [díːteɪl]	→			名 (～s)詳細，細部
0549 **effort** [éfərt]	→			名 努力，苦労
0550 **climate** [kláɪmət]	→			名 気候
0551 **middle** [mídl]	→			名 (通例 the ～)真ん中
0552 **purpose** [pə́ːrpəs]	→			名 目的
0553 **danger** [déɪndʒər]	→			名 危険
0554 **knowledge** [nɑ́(ː)lɪdʒ]	→			名 知識
0555 **brand** [brænd]	→			名 ブランド，銘柄
0556 **importance** [ɪmpɔ́ːrtəns]	→			名 重要性
0557 **instruction** [ɪnstrʌ́kʃən]	→			名 (通例 ～s)指示，訓練
0558 **network** [nétwə̀ːrk]	→			名 網状組織， ネットワーク
0559 **championship** [tʃǽmpjənʃìp]	→			名 選手権，選手権大会
0560 **closet** [klɑ́(ː)zət]	→			名 クローゼット，物置

記憶から引き出す

意味	ID	単語を書こう
名 選手権，選手権大会	0559	
名（通例 the ～）真ん中	0551	
名 興味	0545	
名 目的	0552	
名 割引券，クーポン	0542	
名 危険	0553	
名 重要性	0556	
名（～s）詳細，細部	0548	
名 ブランド，銘柄	0555	
名 クローゼット，物置	0560	

意味	ID	単語を書こう
名 努力，苦労	0549	
名（通例 ～s）指示，訓練	0557	
名 工場	0541	
名 登場人物，特徴，性格	0547	
名 知識	0554	
名 コーチ	0543	
名 気候	0550	
名 網状組織，ネットワーク	0558	
名 膝	0546	
名 電池，バッテリー	0544	

Unit 27の復習テスト　わからないときは前Unitで確認しましょう。

意味	ID	単語を書こう
名 シーフード	0534	
名 ゴミ，くず	0523	
名 SF，空想科学小説	0530	
名 招待	0522	
名 安全	0525	
名 記事	0539	
名 ソーセージ	0533	
名 手品，いたずら，策略	0537	
名 クモ	0532	
名 小さな点，斑点，場所	0528	

意味	ID	単語を書こう
名 思い出，記憶力	0538	
動 戦う	0521	
名 題名	0529	
名 成功	0524	
名 平日	0531	
名 トーナメント，勝ち抜き試合	0527	
名 ダイバー，潜水士	0536	
名 伝統	0526	
名 男性の恋人	0535	
名 会員であること，会員の地位［資格］	0540	

学習日　　　月　　　日

単語	1回目	2回目	3回目	意味
0561 **audience** [ɔ́:diəns]	→			名 (集合的に) 観衆，聴衆
0562 **cash** [kǽʃ]	→			名 現金
0563 **photography** [fətá(:)grəfi]	→			名 写真撮影，写真術
0564 **headphone** [hédfòun]	→			名 ヘッドホン
0565 **journey** [dʒə́:rni]	→			名 旅行
0566 **debate** [dɪbéɪt]	→			名 討論
0567 **heater** [hí:ṭər]	→			名 暖房装置，加熱器
0568 **dentist** [dénṭəst]	→			名 歯科医
0569 **platform** [plǽtfɔ̀:rm]	→			名 プラットホーム，演壇
0570 **flour** [fláʊər]	→			名 小麦粉
0571 **hero** [hí:roʊ]	→			名 英雄，(男性の)主人公
0572 **lobster** [lá(:)bstər]	→			名 ロブスター
0573 **makeup** [méɪkÀp]	→			名 化粧
0574 **nut** [nʌt]	→			名 木の実，ナッツ
0575 **path** [pæθ]	→			名 小道，進路
0576 **several** [sévrəl]	→			形 いくつかの
0577 **valuable** [vǽljʊəbl]	→			形 貴重な，高価な
0578 **scared** [skeərd]	→			形 おびえた，怖がっている
0579 **ancient** [éɪnʃənt]	→			形 古代の
0580 **electronic** [ɪlèktrá(:)nɪk]	→			形 電子の

� 記憶から引き出す

意味	ID	単語を書こう	意味	ID	単語を書こう
图 現金	0562		图 旅行	0565	
图 英雄，（男性の）主人公	0571		图 プラットホーム，演壇	0569	
图 歯科医	0568		形 いくつかの	0576	
图 小道，進路	0575		图 化粧	0573	
形 電子の	0580		形 貴重な，高価な	0577	
图 ヘッドホン	0564		形 古代の	0579	
图 木の実，ナッツ	0574		图 (集合的に) 観衆，聴衆	0561	
图 写真撮影，写真術	0563		图 暖房装置，加熱器	0567	
图 ロブスター	0572		图 小麦粉	0570	
形 おびえた，怖がっている	0578		图 討論	0566	

単語編

てる度
B
↓
0561
〜
0580

✤ Unit 28 の復習テスト　わからないときは前Unitで確認しましょう。

意味	ID	単語を書こう	意味	ID	単語を書こう
图 (通例 ~s) 指示，訓練	0557		图 割引券，クーポン	0542	
图 (通例 the ~) 真ん中	0551		图 膝	0546	
图 気候	0550		图 工場	0541	
图 知識	0554		图 電池，バッテリー	0544	
图 努力，苦労	0549		图 登場人物，特徴，性格	0547	
图 クローゼット，物置	0560		图 ブランド，銘柄	0555	
图 (~s) 詳細，細部	0548		图 興味	0545	
图 重要性	0556		图 選手権，選手権大会	0559	
图 危険	0553		图 目的	0552	
图 網状組織，ネットワーク	0558		图 コーチ	0543	

学習日　　　　月　　　日

	単　語		1回目		2回目		3回目	意　味
0581	elderly [éldərli]	→		↓				形 年輩の，初老の
0582	certain [sə́:rtən]	→		↓				形 (はっきりと言わずに)ある，確信して
0583	harmful [há:rmfəl]	→		↓				形 有害な
0584	electric [ɪléktrɪk]	→		↓				形 電気を使う，電気の
0585	female [fí:meɪl]	→		↓				形 女性の，雌の
0586	daily [déɪli]	→		↓				形 日常の，毎日の
0587	cute [kju:t]	→		↓				形 かわいい
0588	helpful [hélpfəl]	→		↓				形 助けになる，有用な
0589	private [práɪvət]	→		↓				形 個人的な，私立の
0590	basic [béɪsɪk]	→		↓				形 基本的な
0591	Atlantic [ətlǽntɪk]	→		↓				形 大西洋(上)の
0592	male [meɪl]	→		↓				形 男性の，雄の
0593	advanced [ədvǽnst]	→		↓				形 (学問などが)上級の，進歩した
0594	additional [ədíʃənəl]	→		↓				形 追加の
0595	especially [ɪspéʃəli]	→		↓				副 特に
0596	nicely [náɪsli]	→		↓				副 立派に，上手に，うまく
0597	indoors [ìndɔ́:rz]	→		↓				副 屋内で[に]
0598	afterward [ǽftərwərd]	→		↓				副 後で
0599	deeply [dí:pli]	→		↓				副 深く，非常に
0600	whenever [hwenévər]	→		↓				接 …するときはいつでも，いつ…しようとも

❖ 記憶から引き出す

意 味	ID	単語を書こう
形 有害な	0583	
副 屋内で [に]	0597	
形 追加の	0594	
形 助けになる，有用な	0588	
接 …するときはいつでも，いつ…しようとも	0600	
副 後で	0598	
形 (学問などが) 上級の，進歩した	0593	
形 かわいい	0587	
副 深く，非常に	0599	
形 大西洋 (上) の	0591	

意 味	ID	単語を書こう
形 年輩の，初老の	0581	
副 特に	0595	
形 (はっきりと言わずに) ある，確信して	0582	
形 日常の，毎日の	0586	
形 男性の，雄の	0592	
形 基本的な	0590	
形 個人的な，私立の	0589	
形 電気を使う，電気の	0584	
副 立派に，上手に，うまく	0596	
形 女性の，雌の	0585	

単語編

でる度
B
↓
0581
〜
0600

❖ Unit 29の復習テスト　わからないときは前Unitで確認しましょう。

意 味	ID	単語を書こう
名 ヘッドホン	0564	
形 電子の	0580	
名 英雄，(男性の) 主人公	0571	
名 旅行	0565	
形 おびえた，怖がっている	0578	
名 暖房装置，加熱器	0567	
名 プラットホーム，演壇	0569	
名 小道，進路	0575	
名 小麦粉	0570	
名 木の実，ナッツ	0574	

意 味	ID	単語を書こう
名 討論	0566	
形 いくつかの	0576	
名 ロブスター	0572	
名 歯科医	0568	
形 古代の	0579	
名 化粧	0573	
名 現金	0562	
形 貴重な，高価な	0577	
名 (集合的に) 観衆，聴衆	0561	
名 写真撮影，写真術	0563	

学習日　　　月　　　日

単語	1回目	2回目	3回目	意味
0601 **control** [kəntróʊl]	→			動 を管理する，を支配する，を制御する
0602 **belong** [bɪlɔ́(:)ŋ]	→			動 所属する，属する
0603 **destroy** [dɪstrɔ́ɪ]	→			動 を破壊する
0604 **accept** [əksépt]	→			動 を受け入れる，を受け取る
0605 **disappoint** [dɪ̀səpɔ́ɪnt]	→			動 (受身形で)失望する，を失望させる
0606 **greet** [griːt]	→			動 にあいさつする
0607 **disturb** [dɪstə́ːrb]	→			動 (を)邪魔する，(を)妨害する
0608 **advise** [ədváɪz]	→			動 (に)忠告する
0609 **breathe** [briːð]	→			動 呼吸する
0610 **combine** [kəmbáɪn]	→			動 を結びつける
0611 **crash** [kræʃ]	→			動 衝突する
0612 **earn** [əːrn]	→			動 (金銭など)を稼ぐ，(名声など)を得る
0613 **hang** [hæŋ]	→			動 をつるす，を掛ける
0614 **cheer** [tʃɪər]	→			動 (に)歓声を上げる，を励ます
0615 **escape** [ɪskéɪp]	→			動 逃げる
0616 **waste** [weɪst]	→			動 を浪費する
0617 **lead** [liːd]	→			動 を導く，(必然的に)つながる
0618 **replace** [rɪpléɪs]	→			動 を取り換える
0619 **require** [rɪkwáɪər]	→			動 を必要とする
0620 **invent** [ɪnvént]	→			動 を発明する

✿ 記憶から引き出す

意 味	ID	単語を書こう
動 を破壊する	0603	
動 (に)忠告する	0608	
動 を受け入れる, を受け取る	0604	
動 衝突する	0611	
動 (受身形で)失望する, を失望させる	0605	
動 呼吸する	0609	
動 を必要とする	0619	
動 逃げる	0615	
動 を発明する	0620	
動 (金銭など)を稼ぐ, (名声など)を得る	0612	

意 味	ID	単語を書こう
動 (に)歓声を上げる, を励ます	0614	
動 を結びつける	0610	
動 にあいさつする	0606	
動 所属する, 属する	0602	
動 をつるす, を掛ける	0613	
動 (を)邪魔する, (を)妨害する	0607	
動 を取り換える	0618	
動 を管理する, を支配する, を制御する	0601	
動 を浪費する	0616	
動 を導く, (必然的に)つながる	0617	

✿ Unit 30の復習テスト わからないときは前Unitで確認しましょう。

意 味	ID	単語を書こう
副 深く, 非常に	0599	
形 助けになる, 有用な	0588	
形 大西洋(上)の	0591	
形 電気を使う, 電気の	0584	
形 かわいい	0587	
形 (学問などが)上級の, 進歩した	0593	
副 特に	0595	
形 基本的な	0590	
形 追加の	0594	
副 屋内で[に]	0597	

意 味	ID	単語を書こう
形 有害な	0583	
形 男性の, 雄の	0592	
副 立派に, 上手に, うまく	0596	
形 個人的な, 私立の	0589	
形 日常の, 毎日の	0586	
副 後で	0598	
形 女性の, 雌の	0585	
形 (はっきりと言わずに)ある, 確信して	0582	
接 …するときはいつでも, いつ…しようとも	0600	
形 年輩の, 初老の	0581	

学習日　　　月　　　日

単語	♪ 1回目	● 2回目	◎ 3回目	意味
0621 **organize** [ɔ́:rgənàɪz]	→			動 を主催する， を組織する
0622 **pack** [pǽk]	→			動 を詰め込む， (を)荷造りする
0623 **upset** [ʌpsét]	→			動 (受身形で)動揺する， を動転させる
0624 **respect** [rɪspékt]	→			動 を尊敬する， を尊重する
0625 **select** [səlékt]	→			動 を選ぶ
0626 **phrase** [fréɪz]	→			名 句，成句
0627 **sense** [séns]	→			名 感覚，意味
0628 **stair** [stéər]	→			名 (通例 ~s)階段
0629 **scarf** [skɑ́:rf]	→			名 スカーフ，マフラー
0630 **risk** [rísk]	→			名 危険，恐れ
0631 **teenager** [tí:nèɪdʒər]	→			名 ティーンエイジャー
0632 **strength** [stréŋkθ]	→			名 強さ，力，長所
0633 **semester** [səméstər]	→			名 学期
0634 **teamwork** [tí:mwə̀:rk]	→			名 チームワーク，協力
0635 **secret** [sí:krət]	→			名 秘密， (通例 the ~)秘訣
0636 **sunshine** [sʌ́nʃàɪn]	→			名 日光，日の当たる場所
0637 **silence** [sáɪləns]	→			名 静寂，沈黙
0638 **value** [vǽlju:]	→			名 価値
0639 **employee** [ɪmplɔ́ii:]	→			名 従業員
0640 **expert** [ékspə:rt]	→			名 専門家

🍀 記憶から引き出す

意 味	ID	単語を書こう
動 を尊敬する，を尊重する	0624	
名 秘密，(通例 the ～)秘訣	0635	
名 学期	0633	
名 日光，日の当たる場所	0636	
名 価値	0638	
名 ティーンエイジャー	0631	
動 を主催する，を組織する	0621	
名 従業員	0639	
名 危険，恐れ	0630	
名 強さ，力，長所	0632	

意 味	ID	単語を書こう
名 静寂，沈黙	0637	
名 句，成句	0626	
名 スカーフ，マフラー	0629	
名 チームワーク，協力	0634	
名 専門家	0640	
動 を詰め込む，(を)荷造りする	0622	
名 感覚，意味	0627	
名 (通例 ～s)階段	0628	
動 を選ぶ	0625	
動 (受身形で)動揺する，を動転させる	0623	

単語編

でる度
B
↓
0621
～
0640

🍀 Unit 31の復習テスト   わからないときは前Unitで確認しましょう。

意 味	ID	単語を書こう
動 (受身形で)失望する，を失望させる	0605	
動 を浪費する	0616	
動 にあいさつする	0606	
動 所属する，属する	0602	
動 を取り換える	0618	
動 を破壊する	0603	
動 衝突する	0611	
動 (に)忠告する	0608	
動 (金銭など)を稼ぐ，(名声など)を得る	0612	
動 を受け入れる，を受け取る	0604	

意 味	ID	単語を書こう
動 呼吸する	0609	
動 を発明する	0620	
動 を必要とする	0619	
動 逃げる	0615	
動 を管理する，を支配する，を制御する	0601	
動 をつるす，を掛ける	0613	
動 を結びつける	0610	
動 を導く，(必然的に)つながる	0617	
動 (を)邪魔する，(を)妨害する	0607	
動 (に)歓声を上げる，を励ます	0614	

学習日　　　月　　　日

単語	1回目	2回目	3回目	意 味
0641 **energy** [énərdʒi]	→			名 エネルギー，精力
0642 **adult** [ədʌ́lt]	→			名 大人
0643 **author** [ɔ́:θər]	→			名 作家，著者
0644 **athlete** [ǽθli:t]	→			名 運動選手
0645 **Egypt** [í:dʒɪpt]	→			名 エジプト
0646 **boss** [bɔ(:)s]	→			名 上司，ボス
0647 **equipment** [ɪkwípmənt]	→			名 (集合的に)用具，設備，装置
0648 **advantage** [ədvǽnṭɪdʒ]	→			名 有利な点，利益
0649 **airline** [éərlàɪn]	→			名 航空会社
0650 **engine** [éndʒɪn]	→			名 エンジン
0651 **ability** [əbíləṭi]	→			名 能力
0652 **aisle** [aɪl]	→			名 通路
0653 **entrance** [éntrəns]	→			名 入り口，入学
0654 **conversation** [kà(:)nvərséɪʃən]	→			名 会話，話すこと
0655 **custom** [kʌ́stəm]	→			名 (社会的な)慣習，(個人の)習慣
0656 **button** [bʌ́tən]	→			名 ボタン
0657 **choice** [tʃɔɪs]	→			名 (a ~)選択権，選択
0658 **counter** [káʊnṭər]	→			名 カウンター
0659 **discussion** [dɪskʌ́ʃən]	→			名 討論，話し合い
0660 **adventure** [ədvéntʃər]	→			名 冒険

❀ 記憶から引き出す

意 味	ID	単語を書こう
图 大人	0642	
图 有利な点，利益	0648	
图 入り口，入学	0653	
图 上司，ボス	0646	
图 ボタン	0656	
图 (集合的に)用具，設備，装置	0647	
图 通路	0652	
图 エネルギー，精力	0641	
图 会話，話すこと	0654	
图 作家，著者	0643	

意 味	ID	単語を書こう
图 討論，話し合い	0659	
图 エジプト	0645	
图 冒険	0660	
图 能力	0651	
图 (a ~)選択権，選択	0657	
图 (社会的な)慣習，(個人の)習慣	0655	
图 運動選手	0644	
图 カウンター	0658	
图 エンジン	0650	
图 航空会社	0649	

単語編

でる度 **B**
↓
0641
~
0660

❀ Unit 32の復習テスト ▶ わからないときは前Unitで確認しましょう。

意 味	ID	単語を書こう
图 ティーンエイジャー	0631	
動 を尊敬する，を尊重する	0624	
動 を主催する，を組織する	0621	
图 感覚，意味	0627	
图 チームワーク，協力	0634	
图 強さ，力，長所	0632	
图 日光，日の当たる場所	0636	
图 句，成句	0626	
图 静寂，沈黙	0637	
图 学期	0633	

意 味	ID	単語を書こう
图 専門家	0640	
動 を選ぶ	0625	
图 スカーフ，マフラー	0629	
動 を詰め込む，(を)荷造りする	0622	
图 秘密，(通例 the ~)秘訣	0635	
图 危険，恐れ	0630	
動 (受身形で)動揺する，を動転させる	0623	
图 価値	0638	
图 (通例 ~s)階段	0628	
图 従業員	0639	

学習日　　　月　　　日

単語	1回目	2回目	3回目	意味
0661 **anniversary** [æ̀nɪvə́ːrsəri]	→			图(毎年巡ってくる)記念日
0662 **avenue** [ǽvənjùː]	→			图大通り
0663 **explorer** [ɪksplɔ́ːrər]	→			图探検家
0664 **essay** [éseɪ]	→			图(学生の課される)レポート，作文
0665 **fitness** [fítnəs]	→			图フィットネス，健康
0666 **aquarium** [əkwéəriəm]	→			图水族館，水槽
0667 **headache** [hédèɪk]	→			图頭痛
0668 **channel** [tʃǽnəl]	→			图(テレビの)チャンネル，海峡
0669 **harvest** [háːrvɪst]	→			图(作物の)収穫
0670 **bonus** [bóʊnəs]	→			图ボーナス，特別手当
0671 **electronics** [ɪlèktrá(ː)nɪks]	→			图電子工学，電子産業
0672 **file** [faɪl]	→			图ファイル，書類ケース
0673 **herb** [əːrb]	→			图ハーブ，香草，薬草
0674 **serious** [síəriəs]	→			形重大な，真剣な
0675 **wealthy** [wélθi]	→			形裕福な，豊富な
0676 **terrible** [térəbl]	→			形ひどく悪い，恐ろしい
0677 **quiet** [kwáɪət]	→			形静かな
0678 **round** [raʊnd]	→			形丸い
0679 **crowded** [kráʊdɪd]	→			形混雑した
0680 **amazing** [əméɪzɪŋ]	→			形驚くべき，びっくりするほど良い

✿ 記憶から引き出す

意 味	ID	単語を書こう	意 味	ID	単語を書こう
形 ひどく悪い，恐ろしい	0676		名 ファイル，書類ケース	0672	
名 ボーナス，特別手当	0670		形 静かな	0677	
名 探検家	0663		名 水族館，水槽	0666	
名 電子工学，電子産業	0671		形 重大な，真剣な	0674	
形 混雑した	0679		名 (学生の課される)レポート，作文	0664	
名 大通り	0662		名 ハーブ，香草，薬草	0673	
形 丸い	0678		名 フィットネス，健康	0665	
形 裕福な，豊富な	0675		名 頭痛	0667	
名 (毎年巡ってくる)記念日	0661		形 驚くべき，びっくりするほど良い	0680	
名 (作物の)収穫	0669		名 (テレビの)チャンネル，海峡	0668	

✿ Unit 33の復習テスト　〉 わからないときは前Unitで確認しましょう。

意 味	ID	単語を書こう	意 味	ID	単語を書こう
名 カウンター	0658		名 能力	0651	
名 (集合的に)用具，設備，装置	0647		名 運動選手	0644	
名 通路	0652		名 入り口，入学	0653	
名 有利な点，利益	0648		名 (社会的な)慣習，(個人の)習慣	0655	
名 冒険	0660		名 エジプト	0645	
名 上司，ボス	0646		名 エンジン	0650	
名 大人	0642		名 会話，話すこと	0654	
名 討論，話し合い	0659		名 作家，著者	0643	
名 ボタン	0656		名 (a 〜)選択権，選択	0657	
名 航空会社	0649		名 エネルギー，精力	0641	

学習日　　　　　月　　　日

単語	1回目	2回目	3回目	意 味
0681 **double** [dʌ́bl]	→			形 2人用の，2倍の
0682 **dental** [déntəl]	→			形 歯の，歯科の
0683 **classical** [klǽsɪkəl]	→			形 クラシックの，古典の
0684 **awake** [əwéɪk]	→			形 目を覚まして
0685 **equal** [íːkwəl]	→			形 平等な，等しい
0686 **alive** [əláɪv]	→			形 生きている
0687 **audio** [ɔ́ːdiòʊ]	→			形 音声の
0688 **brand-new** [bræ̀ndnjúː]	→			形 真新しい，新品の
0689 **Christian** [krístʃən]	→			形 キリスト教の
0690 **giant** [dʒáɪənt]	→			形 巨大な
0691 **rather** [rǽðər]	→			副 かなり，むしろ
0692 **twice** [twaɪs]	→			副 2回，2度
0693 **quite** [kwaɪt]	→			副 とても，かなり，全く
0694 **sometime** [sʌ́mtàɪm]	→			副 (未来の)いつか，(過去の)あるとき
0695 **ahead** [əhéd]	→			副 前方に [へ]，前もって
0696 **completely** [kəmplíːtli]	→			副 完全に
0697 **exactly** [ɪgzǽktli]	→			副 正確に，まさに
0698 **forever** [fərévər]	→			副 永久に
0699 **whatever** [hwʌtévər]	→			代 ~するものは何でも，たとえ何を~しても，たとえ何が~であろうと
0700 **whoever** [huévər]	→			代 ~する人は誰でも，誰が~でも

記憶から引き出す

意 味	ID	単語を書こう	意 味	ID	単語を書こう
副 永久に	0698		副 正確に，まさに	0697	
形 巨大な	0690		代 ～する人は誰でも，誰が～でも	0700	
副 とても，かなり，全く	0693		副 前方に［へ］，前もって	0695	
形 目を覚まして	0684		代 ～するものは何でも，たとえ何を～しても，たとえ何が～であろうと	0699	
副 (未来の)いつか，(過去の)あるとき	0694		形 音声の	0687	
形 真新しい，新品の	0688		形 平等な，等しい	0685	
形 歯の，歯科の	0682		形 クラシックの，古典の	0683	
副 完全に	0696		形 キリスト教の	0689	
形 2人用の，2倍の	0681		副 2回，2度	0692	
副 かなり，むしろ	0691		形 生きている	0686	

単語編

でる度 B

0681 〜 0700

Unit 34 の復習テスト　　わからないときは前Unitで確認しましょう。

意 味	ID	単語を書こう	意 味	ID	単語を書こう
名 ファイル，書類ケース	0672		形 ひどく悪い，恐ろしい	0676	
形 混雑した	0679		名 フィットネス，健康	0665	
名 ハーブ，香草，薬草	0673		名 探検家	0663	
形 驚くべき，びっくりするほど良い	0680		形 静かな	0677	
名 大通り	0662		名 (学生の課される)レポート，作文	0664	
名 ボーナス，特別手当	0670		名 (作物の)収穫	0669	
形 重大な，真剣な	0674		形 裕福な，豊富な	0675	
名 (毎年巡ってくる)記念日	0661		名 (テレビの)チャンネル，海峡	0668	
名 電子工学，電子産業	0671		形 丸い	0678	
名 水族館，水槽	0666		名 頭痛	0667	

学習日　　　月　　　日

単語	1回目	2回目	3回目	意味
0701 **trust** [trʌst]	→			動 を信用 [信頼] する
0702 **warn** [wɔːrn]	→			動 に警告する
0703 **weigh** [weɪ]	→			動 の重さがある, の重さを量る
0704 **judge** [dʒʌdʒ]	→			動 を判断する, 裁く
0705 **ring** [rɪŋ]	→			動 鳴る, を鳴らす
0706 **memorize** [méməràɪz]	→			動 を暗記する, を記憶する
0707 **reply** [rɪpláɪ]	→			動 返事をする, 答える
0708 **sail** [seɪl]	→			動 航海する
0709 **wave** [weɪv]	→			動 手を振る, (旗など)を振る
0710 **imagine** [ɪmǽdʒɪn]	→			動 (を)想像する
0711 **shoot** [ʃuːt]	→			動 (を)撃つ, (を)シュートする
0712 **skip** [skɪp]	→			動 (を)抜かす, 跳ねる
0713 **spell** [spel]	→			動 (を)つづる
0714 **swing** [swɪŋ]	→			動 を揺らす, 揺れる
0715 **wrap** [ræp]	→			動 を包む, を巻きつける
0716 **ignore** [ɪgnɔ́ːr]	→			動 を無視する
0717 **paste** [peɪst]	→			動 (を)貼りつける
0718 **knock** [nɑ(ː)k]	→			動 ノックする, (こぶし などで) たたく, をぶつける
0719 **encourage** [ɪnkə́ːrɪdʒ]	→			動 を励ます
0720 **decrease** [dìːkríːs]	⇢			動 減少する, を減少させる

�֍ 記憶から引き出す

意　味	ID	単語を書こう
動 (を)撃つ， (を)シュートする	0711	
動 ノックする， (こぶしなどで)たたく， をぶつける	0718	
動 減少する，を減少させる	0720	
動 返事をする，答える	0707	
動 を揺らす，揺れる	0714	
動 (を)想像する	0710	
動 の重さがある， の重さを量る	0703	
動 を暗記する，を記憶する	0706	
動 (を)抜かす，跳ねる	0712	
動 に警告する	0702	

意　味	ID	単語を書こう
動 鳴る，を鳴らす	0705	
動 を信用[信頼]する	0701	
動 を判断する，裁く	0704	
動 航海する	0708	
動 手を振る， (旗など)を振る	0709	
動 を無視する	0716	
動 (を)つづる	0713	
動 を励ます	0719	
動 (を)貼りつける	0717	
動 を包む，を巻きつける	0715	

�֍ Unit 35 の復習テスト　〉 わからないときは前Unitで確認しましょう。

意　味	ID	単語を書こう
形 巨大な	0690	
形 真新しい，新品の	0688	
形 歯の，歯科の	0682	
副 完全に	0696	
形 平等な，等しい	0685	
副 正確に，まさに	0697	
形 目を覚まして	0684	
副 2回，2度	0692	
形 生きている	0686	
副 前方に[へ]，前もって	0695	

意　味	ID	単語を書こう
形 クラシックの，古典の	0683	
代 〜する人は誰でも， 誰が〜でも	0700	
副 かなり，むしろ	0691	
形 音声の	0687	
形 2人用の，2倍の	0681	
副 永久に	0698	
形 キリスト教の	0689	
副 とても，かなり，全く	0693	
副 (未来の)いつか， (過去の)あるとき	0694	
代 〜するものは何でも，た とえ何を〜しても，たと え何が〜であろうと	0699	

学習日　　　月　　　日

単語	♪ 1回目	👁 2回目	👁 3回目	意味
0721 **access** [ǽkses]	→			動 にアクセスする， に近づく
0722 **avoid** [əvɔ́ɪd]	→			動 を避ける
0723 **concern** [kənsə́ːrn]	→			動 (受身形で)心配している，に関係する
0724 **contain** [kəntéɪn]	→			動 を含む，を収容できる
0725 **manage** [mǽnɪdʒ]	→			動 を何とかやり遂げる，を経営する
0726 **approach** [əpróʊtʃ]	→			動 に接近する
0727 **beat** [biːt]	→			動 を負かす，(を)打つ
0728 **depend** [dɪpénd]	→			動 頼る，依存する
0729 **disappear** [dìsəpíər]	→			動 姿を消す
0730 **act** [ækt]	→			動 (を)演じる，行動する
0731 **castle** [kǽsl]	→			名 城
0732 **salmon** [sǽmən]	→			名 サケ，サケの肉
0733 **method** [méθəd]	→			名 方法
0734 **site** [saɪt]	→			名 用地，ウェブサイト
0735 **tablet** [tǽblət]	→			名 タブレット(コンピュータ)，錠剤
0736 **opinion** [əpínjən]	→			名 (しばしば one's ～)意見
0737 **instance** [ínstəns]	→			名 (具体的な)例，実例
0738 **instructor** [ɪnstrʌ́ktər]	→			名 (技能を教える)指導者
0739 **roll** [roʊl]	→			名 (紙などを)巻いたもの，ロールパン
0740 **scene** [siːn]	→			名 場面，眺め

✿ 記憶から引き出す

意 味	ID	単語を書こう
名 (技能を教える)指導者	0738	
動 (を)演じる，行動する	0730	
動 にアクセスする，に近づく	0721	
名 場面，眺め	0740	
名 (具体的な)例，実例	0737	
動 を避ける	0722	
名 方法	0733	
動 を負かす，(を)打つ	0727	
名 (紙などを)巻いたもの，ロールパン	0739	
動 を何とかやり遂げる，を経営する	0725	

意 味	ID	単語を書こう
動 頼る，依存する	0728	
名 タブレット(コンピュータ)，錠剤	0735	
動 (受身形で)心配している，に関係する	0723	
名 (しばしば one's ~)意見	0736	
動 を含む，を収容できる	0724	
名 サケ，サケの肉	0732	
動 に接近する	0726	
名 用地，ウェブサイト	0734	
名 城	0731	
動 姿を消す	0729	

単語編

でる度
B
↓
0721
~
0740

✿ Unit 36の復習テスト　わからないときは前Unitで確認しましょう。

意 味	ID	単語を書こう
動 手を振る，(旗など)を振る	0709	
動 (を)撃つ，(を)シュートする	0711	
動 (を)貼りつける	0717	
動 を包む，を巻きつける	0715	
動 に警告する	0702	
動 を暗記する，を記憶する	0706	
動 を揺らす，揺れる	0714	
動 の重さがある，の重さを量る	0703	
動 減少する，を減少させる	0720	
動 (を)つづる	0713	

意 味	ID	単語を書こう
動 返事をする，答える	0707	
動 を励ます	0719	
動 鳴る，を鳴らす	0705	
動 ノックする，(こぶしなどで)たたく，をぶつける	0718	
動 を信用[信頼]する	0701	
動 を無視する	0716	
動 を判断する，裁く	0704	
動 航海する	0708	
動 (を)抜かす，跳ねる	0712	
動 (を)想像する	0710	

学習日　　　　月　　　日

単語	1回目	2回目	3回目	意 味
0741 **style** [staɪl]	→			图 やり方, 様式, 型
0742 **policy** [pá(:)ləsi]	→			图 政策, 方針
0743 **rush** [rʌʃ]	→			图 突進, 殺到
0744 **sample** [sæmpl]	→			图 試供品, 見本
0745 **partner** [pá:rtnər]	→			图 パートナー, 配偶者
0746 **keyboard** [kí:bò:rd]	→			图 キーボード
0747 **tutor** [tjú:tər]	→			图 家庭教師, 個人教師
0748 **position** [pəzíʃən]	→			图 位置, 地位
0749 **puzzle** [pʌzl]	→			图 パズル, 難問
0750 **nation** [néɪʃən]	→			图 国家, (the ~)国民
0751 **scenery** [sí:nəri]	→			图 (集合的に)風景
0752 **highway** [háɪwèɪ]	→			图 主要[幹線]道路
0753 **lime** [laɪm]	→			图 ライム, ライムの実
0754 **objection** [əbdʒékʃən]	→			图 反対, 反対意見
0755 **ketchup** [kétʃəp]	→			图 ケチャップ
0756 **rainbow** [réɪnbòʊ]	→			图 虹
0757 **imagination** [ɪmædʒɪnéɪʃən]	→			图 想像(力)
0758 **puppy** [pʌpi]	→			图 子犬
0759 **row** [roʊ]	→			图 列, 横列
0760 **horn** [hɔːrn]	→			图 (動物の)角, 警笛

❀ 記憶から引き出す

意 味	ID	単語を書こう
图 虹	0756	
图 パズル，難問	0749	
图 政策，方針	0742	
图 反対，反対意見	0754	
图 列，横列	0759	
图 位置，地位	0748	
图 ケチャップ	0755	
图 子犬	0758	
图 (集合的に)風景	0751	
图 パートナー，配偶者	0745	

意 味	ID	単語を書こう
图 ライム，ライムの実	0753	
图 国家，(the ~)国民	0750	
图 (動物の)角，警笛	0760	
图 試供品，見本	0744	
图 キーボード	0746	
图 やり方，様式，型	0741	
图 主要[幹線]道路	0752	
图 家庭教師，個人教師	0747	
图 突進，殺到	0743	
图 想像(力)	0757	

❀ Unit 37の復習テスト ▸ わからないときは前Unitで確認しましょう。

意 味	ID	単語を書こう
動 にアクセスする，に近づく	0721	
動 に接近する	0726	
图 (技能を教える)指導者	0738	
動 を避ける	0722	
图 用地，ウェブサイト	0734	
動 を含む，を収容できる	0724	
图 城	0731	
動 を何とかやり遂げる，を経営する	0725	
動 (を)演じる，行動する	0730	
图 (しばしば one's ~)意見	0736	

意 味	ID	単語を書こう
動 頼る，依存する	0728	
图 方法	0733	
動 (受身形で)心配している，に関係する	0723	
图 場面，眺め	0740	
動 を負かす，(を)打つ	0727	
图 (紙などを)巻いたもの，ロールパン	0739	
動 姿を消す	0729	
图 タブレット(コンピュータ)，錠剤	0735	
图 (具体的な)例，実例	0737	
图 サケ，サケの肉	0732	

学習日　　　　月　　　日

単 語	1回目	2回目	3回目	意 味
0761 impression [ɪmpréʃən]	→			图 印象，感銘
0762 leather [léðər]	→			图 革
0763 lifeguard [láɪfgɑ̀ːrd]	→			图 (海岸・プールの)監視[救助]員
0764 palace [pǽləs]	→			图 宮殿，大邸宅
0765 photocopy [fóʊṭəkɑ̀(ː)pi]	→			图 写真複写，コピー
0766 pole [poʊl]	→			图 棒，さお
0767 politician [pɑ̀(ː)lətíʃən]	→			图 政治家
0768 residence [rézɪdəns]	→			图 住居，居住
0769 spice [spaɪs]	→			图 スパイス，(集合的に)香辛料
0770 total [tóʊṭəl]	→			图 合計，全体
0771 version [vɝ́ːrʒən]	→			图 版，バージョン
0772 nephew [néfjuː]	→			图 おい
0773 statue [stǽtʃuː]	→			图 像，彫像
0774 soldier [sóʊldʒər]	→			图 兵士，(陸軍の)軍人
0775 patient [péɪʃənt]	→			圏 忍耐強い
0776 various [véəriəs]	→			圏 さまざまな
0777 laptop [lǽptɑ̀(ː)p]	→			圏 ノートパソコンの，ラップトップの
0778 violent [váɪələnt]	→			圏 乱暴な，激しい
0779 noisy [nɔ́ɪzi]	→			圏 騒々しい
0780 personal [pɝ́ːrsənəl]	→			圏 個人の，私的な

✿ 記憶から引き出す

意 味	ID	単語を書こう
图 兵士，（陸軍の）軍人	0774	
图 版，バージョン	0771	
图 写真複写，コピー	0765	
图 ノートパソコンの，ラップトップの	0777	
图 宮殿，大邸宅	0764	
图 おい	0772	
图 個人の，私的な	0780	
图 像，彫像	0773	
图 住居，居住	0768	
图 忍耐強い	0775	

意 味	ID	単語を書こう
图 革	0762	
图 棒，さお	0766	
图 印象，感銘	0761	
图 政治家	0767	
图 スパイス，（集合的に）香辛料	0769	
图 騒々しい	0779	
图 （海岸・プールの）監視［救助］員	0763	
图 さまざまな	0776	
图 合計，全体	0770	
图 乱暴な，激しい	0778	

単語編

でる度 **B**

↓

0761
～
0780

✿ Unit 38の復習テスト　わからないときは前Unitで確認しましょう。

意 味	ID	単語を書こう
图 （動物の）角，警笛	0760	
图 主要［幹線］道路	0752	
图 突進，殺到	0743	
图 反対，反対意見	0754	
图 パートナー，配偶者	0745	
图 ライム，ライムの実	0753	
图 位置，地位	0748	
图 想像（力）	0757	
图 キーボード	0746	
图 子犬	0758	

意 味	ID	単語を書こう
图 政策，方針	0742	
图 虹	0756	
图 国家，（the ～）国民	0750	
图 （集合的に）風景	0751	
图 家庭教師，個人教師	0747	
图 ケチャップ	0755	
图 列，横列	0759	
图 パズル，難問	0749	
图 試供品，見本	0744	
图 やり方，様式，型	0741	

学習日　　　　　月　　　日

単語	1回目	2回目	3回目	意味
0781 unique [juníːk]	→			形 独特の，唯一の
0782 tight [taɪt]	→			形 きつい
0783 mixed [mɪkst]	→			形 男女混合の， 混じり合った
0784 typical [típɪkəl]	→			形 典型的な
0785 independent [ìndɪpéndənt]	→			形 自立した，独立した
0786 nonsmoking [nà(ː)nsmóʊkɪŋ]	→			形 （座席などが）禁煙の
0787 wooden [wʊ́dən]	→			形 木製の
0788 narrow [nǽroʊ]	→			形 狭い
0789 absent [ǽbsənt]	→			形 欠席の，不在の
0790 sincerely [sɪnsíərli]	→			副 心から
0791 originally [ərídʒənəli]	→			副 最初は，もともと
0792 suddenly [sʌ́dənli]	→			副 突然
0793 poorly [pʊ́ərli]	→			副 下手に，まずく
0794 straight [streɪt]	→			副 まっすぐに
0795 upstairs [ʌ̀pstéərz]	→			副 階上へ［で］， 2階へ［で］
0796 hopefully [hóʊpfəli]	→			副 願わくば， うまくいけば
0797 physically [fízɪkəli]	→			副 身体的に，物理的に
0798 anywhere [énihwèər]	→			副 （否定文で）どこに［へ］も （〜ない），（疑問文・条 件節で）どこかに［へ，で］
0799 beyond [biá(ː)nd]	→			前 〜を越えて， 〜の向こうに
0800 below [bɪlóʊ]	→			前 〜より下に

❖ 記憶から引き出す

意 味	ID	単語を書こう	意 味	ID	単語を書こう
副 身体的に，物理的に	0797		副 まっすぐに	0794	
副 下手に，まずく	0793		形 (座席などが)禁煙の	0786	
副 願わくば，うまくいけば	0796		形 男女混合の，混じり合った	0783	
前 ～を越えて，～の向こうに	0799		副 突然	0792	
形 きつい	0782		形 欠席の，不在の	0789	
副 最初は，もともと	0791		副 (否定文で)どこに[へ]も(～ない)，(疑問文・条件節で)どこかに[へ，で]	0798	
形 自立した，独立した	0785		形 典型的な	0784	
形 木製の	0787		副 心から	0790	
副 階上へ[で]，2階へ[で]	0795		前 ～より下に	0800	
形 狭い	0788		形 独特の，唯一の	0781	

単語編

でる度
B
↓
0781
～
0800

❖ Unit 39の復習テスト　わからないときは前Unitで確認しましょう。

意 味	ID	単語を書こう	意 味	ID	単語を書こう
名 (海岸・プールの)監視[救助]員	0763		名 合計，全体	0770	
形 忍耐強い	0775		形 個人の，私的な	0780	
名 印象，感銘	0761		名 写真複写，コピー	0765	
名 住居，居住	0768		名 版，バージョン	0771	
名 宮殿，大邸宅	0764		名 兵士，(陸軍の)軍人	0774	
形 ノートパソコンの，ラップトップの	0777		形 乱暴な，激しい	0778	
名 革	0762		名 おい	0772	
名 スパイス，(集合的に)香辛料	0769		形 さまざまな	0776	
名 棒，さお	0766		名 政治家	0767	
名 像，彫像	0773		形 騒々しい	0779	

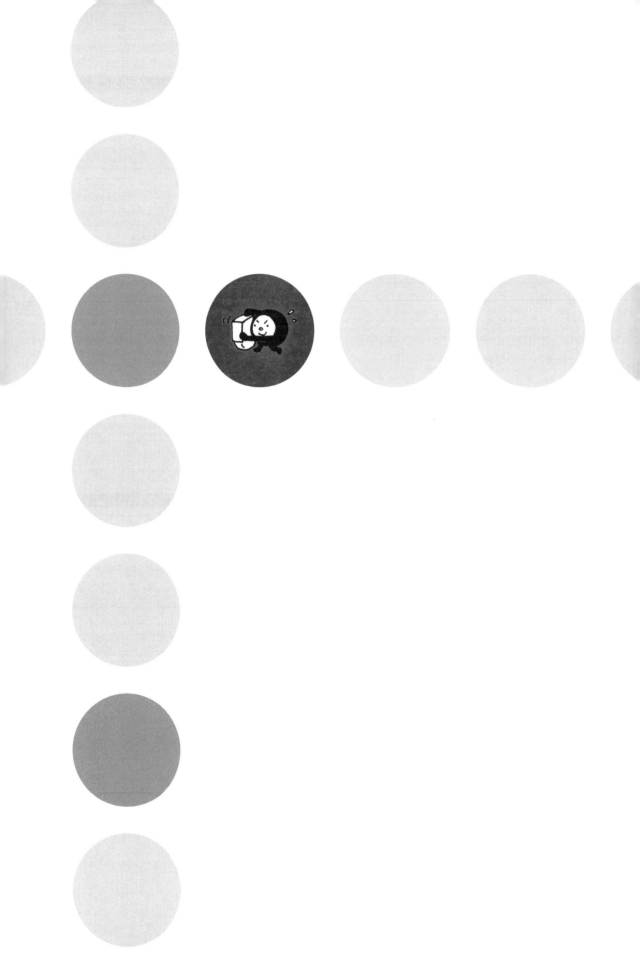

単語編

でる度 **C** 差がつく応用単語

300

Section 9　**Unit 41～45**
Section 10　**Unit 46～50**
Section 11　**Unit 51～55**

学習日　　　月　　　日

単語	1回目	2回目	3回目	意味
0801 **chat** [tʃæt]	→			動 おしゃべりする，雑談する
0802 **advertise** [ǽdvərtàız]	→			動 (を)宣伝する
0803 **appreciate** [əprí:ʃièıt]	→			動 を感謝する
0804 **exhibit** [ıgzíbət]	→			動 を展示する
0805 **arrange** [əréındʒ]	→			動 を取り決める，準備をする
0806 **freeze** [fri:z]	→			動 凍る，を凍らせる
0807 **download** [dáʊnlòʊd]	→			動 (データなど)をダウンロードする
0808 **handle** [hǽndl]	→			動 を扱う，に手を触れる
0809 **apologize** [əpá(:) lədʒàız]	→			動 謝る
0810 **cycle** [sáıkl]	→			動 自転車に乗る，循環する
0811 **dislike** [dısláık]	→			動 を嫌う
0812 **exist** [ıgzíst]	→			動 存在する
0813 **float** [floʊt]	→			動 漂う，浮かぶ，を浮かべる
0814 **flow** [floʊ]	→			動 流れる
0815 **arrest** [ərést]	→			動 を逮捕する
0816 **bark** [bɑːrk]	→			動 (犬などが)ほえる
0817 **dig** [dıg]	→			動 (を)掘る
0818 **divide** [dıváıd]	→			動 を分ける
0819 **flash** [flæʃ]	→			動 ぴかっと光る，をぱっと照らす
0820 **babysit** [béıbisìt]	→			動 (子供)の世話をする，子供を世話する

✖ 記憶から引き出す

意 味	ID	単語を書こう
動 (を)掘る	0817	
動 を感謝する	0803	
動 ぴかっと光る, をぱっと照らす	0819	
動 (を)宣伝する	0802	
動 流れる	0814	
動 おしゃべりする, 雑談する	0801	
動 (データなど)をダウンロードする	0807	
動 を嫌う	0811	
動 を逮捕する	0815	
動 凍る, を凍らせる	0806	

意 味	ID	単語を書こう
動 謝る	0809	
動 存在する	0812	
動 を取り決める, 準備をする	0805	
動 を分ける	0818	
動 を扱う, に手を触れる	0808	
動 (犬などが)ほえる	0816	
動 (子供)の世話をする, 子供を世話する	0820	
動 自転車に乗る, 循環する	0810	
動 漂う, 浮かぶ, を浮かべる	0813	
動 を展示する	0804	

単語編

でる度
C
↓
0801
〜
0820

✖ Unit 40 の復習テスト　わからないときは前 Unit で確認しましょう。

意 味	ID	単語を書こう
副 身体的に, 物理的に	0797	
形 男女混合の, 混じり合った	0783	
副 願わくば, うまくいけば	0796	
形 典型的な	0784	
副 最初は, もともと	0791	
副 まっすぐに	0794	
形 独特の, 唯一の	0781	
副 (否定文で)どこに[へ]も (〜ない), (疑問文・条件節で)どこかに[へ, で]	0798	
形 (座席などが)禁煙の	0786	
形 欠席の, 不在の	0789	

意 味	ID	単語を書こう
副 下手に, まずく	0793	
形 自立した, 独立した	0785	
副 心から	0790	
形 きつい	0782	
形 狭い	0788	
前 〜より下に	0800	
前 〜を越えて, 〜の向こうに	0799	
副 階上へ[で], 2階へ[で]	0795	
副 突然	0792	
形 木製の	0787	

学習日　　　月　　　日

単語	1回目	2回目	3回目	意 味
0821 **force** [fɔːrs]	→			動 (force A to do で) A に ～することを強いる
0822 **increase** [ɪnkríːs]	→			動 増加する，を増やす
0823 **reduce** [rɪdjúːs]	→			動 を減らす，減る
0824 **prevent** [prɪvént]	→			動 を防ぐ，を妨げる
0825 **lower** [lóʊər]	→			動 を下げる
0826 **rise** [raɪz]	→			動 (太陽などが) 昇る，(価格・温度などが) 上がる
0827 **limit** [límət]	→			動 を制限する
0828 **recognize** [rékəgnàɪz]	→			動 をそれとわかる，を認識する，を認める
0829 **remain** [rɪméɪn]	→			動 のままである，残る
0830 **promote** [prəmóʊt]	→			動 (受身形で) 昇進する，を促進する
0831 **request** [rɪkwést]	→			動 を要請する
0832 **observe** [əbzɔ́ːrv]	→			動 (を) 観察する，(法律・習慣など) を守る
0833 **overcome** [òʊvərkʌ́m]	→			動 (を) 克服する，(に) 打ち勝つ
0834 **astronaut** [ǽstrənɔ̀ːt]	→			名 宇宙飛行士
0835 **disease** [dɪzíːz]	→			名 病気
0836 **chemical** [kémɪkəl]	→			名 化学製品，化学薬品
0837 **education** [èdʒəkéɪʃən]	→			名 教育
0838 **biology** [baɪá(ː)lədʒi]	→			名 生物学
0839 **ballet** [bæléɪ]	→			名 (しばしば the ～) バレエ
0840 **generation** [dʒènəréɪʃən]	→			名 世代

❀ 記憶から引き出す

意 味	ID	単語を書こう
名 世代	0840	
名 化学製品，化学薬品	0836	
動 を防ぐ，を妨げる	0824	
動 (を)克服する， (に)打ち勝つ	0833	
動 を減らす，減る	0823	
動 (を)観察する， (法律・習慣など)を守る	0832	
動 を制限する	0827	
名 教育	0837	
動 (___ A to do で)Aに〜す ることを強いる	0821	
動 のままである，残る	0829	

意 味	ID	単語を書こう
名 生物学	0838	
動 増加する，を増やす	0822	
動 (受身形で)昇進する， を促進する	0830	
動 を下げる	0825	
動 を要請する	0831	
名 病気	0835	
名 (しばしば the 〜)バレエ	0839	
動 (太陽などが)昇る，(価 格・温度などが)上がる	0826	
名 宇宙飛行士	0834	
動 をそれとわかる， を認識する，を認める	0828	

でる度
C
↓
0821
〜
0840

❀ Unit 41の復習テスト　▶ わからないときは前Unitで確認しましょう。

意 味	ID	単語を書こう
動 流れる	0814	
動 を嫌う	0811	
動 (子供)の世話をする， 子供を世話する	0820	
動 漂う，浮かぶ， を浮かべる	0813	
動 凍る，を凍らせる	0806	
動 自転車に乗る，循環する	0810	
動 を取り決める， 準備をする	0805	
動 (犬などが)ほえる	0816	
動 おしゃべりする， 雑談する	0801	
動 を展示する	0804	

意 味	ID	単語を書こう
動 謝る	0809	
動 ぴかっと光る， をぱっと照らす	0819	
動 (を)宣伝する	0802	
動 を逮捕する	0815	
動 存在する	0812	
動 (を)掘る	0817	
動 を扱う，に手を触れる	0808	
動 を感謝する	0803	
動 (データなど)をダウンロー ドする	0807	
動 を分ける	0818	

学習日　　　月　　　日

単語	1回目	2回目	3回目	意味
0841 **blanket** [blǽŋkət]	→			图 毛布
0842 **gasoline** [gǽsəlìːn]	→			图 ガソリン
0843 **clinic** [klínɪk]	→			图 診療所
0844 **clerk** [kləːrk]	→			图 店員，事務員
0845 **engineer** [èndʒɪníər]	→			图 エンジニア，技術者
0846 **boarding** [bɔ́ːrdɪŋ]	→			图 搭乗，乗船，乗車
0847 **document** [dá(ː)kjumənt]	→			图 文書，書類
0848 **emotion** [ɪmóuʃən]	→			图 感情
0849 **congratulation** [kəngrætʃuléɪʃən]	→			图 (〜s)祝辞，祝いの言葉
0850 **ceremony** [sérəmòuni]	→			图 儀式
0851 **billion** [bíljən]	→			图 10億，(〜sで)数十億
0852 **assistant** [əsístənt]	→			图 助手，補佐
0853 **habit** [hǽbɪt]	→			图 癖，(個人的な)習慣
0854 **fisherman** [fíʃərmən]	→			图 漁師，釣り人
0855 **atmosphere** [ǽtməsfìər]	→			图 雰囲気，(the 〜)大気
0856 **commercial** [kəmɔ́ːrʃəl]	→			图 コマーシャル
0857 **designer** [dɪzáɪnər]	→			图 デザイナー，設計者
0858 **envelope** [énvəlòup]	→			图 封筒
0859 **figure** [fígjər]	→			图 人物，形，数字，図
0860 **beauty** [bjúːṭi]	→			图 美，美人

記憶から引き出す

意味	ID	単語を書こう
名 癖，(個人的な)習慣	0853	
名 ガソリン	0842	
名 助手，補佐	0852	
名 (～s)祝辞，祝いの言葉	0849	
名 デザイナー，設計者	0857	
名 搭乗，乗船，乗車	0846	
名 美，美人	0860	
名 感情	0848	
名 漁師，釣り人	0854	
名 診療所	0843	

意味	ID	単語を書こう
名 毛布	0841	
名 10億，(～sで)数十億	0851	
名 雰囲気，(the ～)大気	0855	
名 儀式	0850	
名 店員，事務員	0844	
名 文書，書類	0847	
名 人物，形，数字，図	0859	
名 エンジニア，技術者	0845	
名 封筒	0858	
名 コマーシャル	0856	

Unit 42の復習テスト

わからないときは前Unitで確認しましょう。

意味	ID	単語を書こう
動 (を)観察する，(法律・習慣など)を守る	0832	
動 のままである，残る	0829	
動 (を)克服する，(に)打ち勝つ	0833	
動 を防ぐ，を妨げる	0824	
動 (受身形で)昇進する，を促進する	0830	
名 化学製品，化学薬品	0836	
動 (___ *A to do*で)Aに～することを強いる	0821	
名 宇宙飛行士	0834	
動 をそれとわかる，を認識する，を認める	0828	
名 教育	0837	

意味	ID	単語を書こう
名 世代	0840	
動 を下げる	0825	
動 増加する，を増やす	0822	
名 病気	0835	
動 を要請する	0831	
名 (しばしば the ～)バレエ	0839	
動 (太陽などが)昇る，(価格・温度などが)上がる	0826	
動 を減らす，減る	0823	
動 を制限する	0827	
名 生物学	0838	

学習日　　　月　　　日

単語	1回目	2回目	3回目	意 味
0861 **branch** [bræntʃ]	→			图 枝, 支流, 支店
0862 **diet** [dáɪət]	→			图 ダイエット, 日常の食事
0863 **edge** [edʒ]	→			图 縁, 刃
0864 **enemy** [énəmi]	→			图 敵
0865 **graduation** [græ̀dʒuéɪʃən]	→			图 卒業, 卒業式
0866 **calculator** [kǽlkjulèɪtər]	→			图 計算機
0867 **attitude** [ǽtətjùːd]	→			图 態度
0868 **disaster** [dɪzǽstər]	→			图 災害, 不幸
0869 **forecast** [fɔ́ːrkæst]	→			图 予報
0870 **furniture** [fɔ́ːrnɪtʃər]	→			图 (集合的に)家具
0871 **angle** [ǽŋgl]	→			图 角度, 観点
0872 **beetle** [bíːtl]	→			图 カブトムシ(の類)
0873 **bookshelf** [búkʃèlf]	→			图 本棚
0874 **comment** [ká(ː)mènt]	→			图 論評, コメント
0875 **happiness** [hǽpinəs]	→			图 幸福, 幸せ
0876 **nationality** [næ̀ʃənǽləti]	→			图 国籍
0877 **fat** [fæt]	→			形 太った, 厚い
0878 **empty** [émpti]	→			形 空の
0879 **confident** [ká(ː)nfɪdənt]	→			形 確信して, 自信のある
0880 **exact** [ɪgzǽkt]	→			形 正確な

❖ 記憶から引き出す

意 味	ID	単語を書こう
形 太った，厚い	0877	
名 本棚	0873	
形 確信して，自信のある	0879	
名 計算機	0866	
名 枝，支流，支店	0861	
名 敵	0864	
形 正確な	0880	
名 角度，観点	0871	
名 災害，不幸	0868	
名 幸福，幸せ	0875	

意 味	ID	単語を書こう
名 (集合的に)家具	0870	
名 縁，刃	0863	
名 カブトムシ(の類)	0872	
名 ダイエット，日常の食事	0862	
名 国籍	0876	
名 予報	0869	
形 空の	0878	
名 卒業，卒業式	0865	
名 論評，コメント	0874	
名 態度	0867	

単語編

でる度 C
↓
0861
〜
0880

❖ Unit 43の復習テスト　〔わからないときは前Unitで確認しましょう。〕

意 味	ID	単語を書こう
名 コマーシャル	0856	
名 助手，補佐	0852	
名 封筒	0858	
名 美，美人	0860	
名 感情	0848	
名 儀式	0850	
名 癖，(個人的な)習慣	0853	
名 人物，形，数字，図	0859	
名 搭乗，乗船，乗車	0846	
名 10億，(〜sで)数十億	0851	

意 味	ID	単語を書こう
名 ガソリン	0842	
名 雰囲気，(the 〜)大気	0855	
名 エンジニア，技術者	0845	
名 毛布	0841	
名 店員，事務員	0844	
名 漁師，釣り人	0854	
名 診療所	0843	
名 デザイナー，設計者	0857	
名 (〜s)祝辞，祝いの言葉	0849	
名 文書，書類	0847	

学習日　　　月　　　日

単 語	1回目	2回目	3回目	意 味
0881 **dead** [ded]	→			形 死んだ
0882 **curious** [kjúəriəs]	→			形 好奇心の強い, 知りたがる
0883 **familiar** [fəmíljər]	→			形 精通して, よく知られた
0884 **fantastic** [fæntǽstɪk]	→			形 素晴らしい, 空想的な
0885 **alike** [əláɪk]	→			形 (互いに)似ている, 同様で
0886 **calm** [kɑːm]	→			形 落ち着いた
0887 **delicate** [délɪkət]	→			形 取り扱いの難しい, 繊細な
0888 **flat** [flæt]	→			形 平らな, 空気の抜けた, 均一の
0889 **following** [fá(:)loʊɪŋ]	→			形 (the ~)(その)次の, 以下の
0890 **handsome** [hǽnsəm]	→			形 ハンサムな, 端正な顔立ちの
0891 **balanced** [bǽlənst]	→			形 バランス[均衡]の取 れた
0892 **brave** [breɪv]	→			形 勇敢な, 勇ましい
0893 **careless** [kéərləs]	→			形 (人・行為が)不注意な, 軽率な
0894 **foolish** [fúːlɪʃ]	→			形 愚かな, ばかな
0895 **freezing** [fríːzɪŋ]	→			形 いてつくように寒い [冷たい]
0896 **gradually** [grǽdʒuəli]	→			副 徐々に
0897 **eventually** [ɪvéntʃuəli]	→			副 結局(は)
0898 **besides** [bɪsáɪdz]	→			副 その上, さらに
0899 **apart** [əpáːrt]	→			副 (apart fromで)~を除 いて, ~から離れて
0900 **hardly** [háːrdli]	→			副 ほとんど~ない

✖ 記憶から引き出す

意 味	ID	単語を書こう
形 (人・行為が) 不注意な, 軽率な	0893	
副 ほとんど〜ない	0900	
副 徐々に	0896	
形 (the 〜) (その) 次の, 以下の	0889	
形 愚かな, ばかな	0894	
形 素晴らしい, 空想的な	0884	
形 ハンサムな, 端正な顔立ちの	0890	
形 取り扱いの難しい, 繊細な	0887	
形 (互いに) 似ている, 同様で	0885	
形 勇敢な, 勇ましい	0892	

意 味	ID	単語を書こう
形 死んだ	0881	
形 精通して, よく知られた	0883	
副 (___ from で) 〜を除いて, 〜から離れて	0899	
形 いてつくように寒い [冷たい]	0895	
副 結局 (は)	0897	
形 落ち着いた	0886	
形 バランス [均衡] の取れた	0891	
形 平らな, 空気の抜けた, 均一の	0888	
副 その上, さらに	0898	
形 好奇心の強い, 知りたがる	0882	

単語編

でる度 **C**

↓

0881
〜
0900

✖ Unit 44 の復習テスト 〔わからないときは前Unitで確認しましょう。〕

意 味	ID	単語を書こう
名 カブトムシ (の類)	0872	
名 災害, 不幸	0868	
名 論評, コメント	0874	
名 (集合的に) 家具	0870	
名 本棚	0873	
名 枝, 支流, 支店	0861	
名 卒業, 卒業式	0865	
形 太った, 厚い	0877	
形 正確な	0880	
名 態度	0867	

意 味	ID	単語を書こう
名 角度, 観点	0871	
形 空の	0878	
名 計算機	0866	
名 国籍	0876	
名 敵	0864	
形 確信して, 自信のある	0879	
名 ダイエット, 日常の食事	0862	
名 幸福, 幸せ	0875	
名 縁, 刃	0863	
名 予報	0869	

学習日　　　　　月　　　　日

単 語	1回目	2回目	3回目	意 味
0901 insist [ɪnsíst]	→			動 強く主張する
0902 refresh [rɪfréʃ]	→			動 を元気づける，の気分をさわやかにする
0903 melt [melt]	→			動 溶ける，を溶かす
0904 seek [siːk]	→			動 追求する，を捜す
0905 slide [slaɪd]	→			動 滑り下りる，を滑らせる
0906 knit [nɪt]	→			動 を編む，編み物をする
0907 resemble [rɪzémbl]	→			動 (外見・性質などが)に似ている
0908 suffer [sʌ́fər]	→			動 苦しむ，病気にかかる，(損害・損傷など)を受ける
0909 surf [səːrf]	→			動 (ホームページなどを)見て回る，サーフィンをする
0910 stick [stɪk]	→			動 くっつく，を突き刺す
0911 trap [træp]	→			動 を閉じ込める，(動物)をわなで捕らえる
0912 switch [swɪtʃ]	→			動 をスイッチで切り替える，を変える，転換する
0913 specialize [spéʃəlàɪz]	→			動 専門とする，専攻する
0914 supply [səplái]	→			動 を供給する
0915 survive [sərváɪv]	→			動 (を)生き残る
0916 succeed [səksíːd]	→			動 成功する，継承する
0917 tear [teər]	→			動 を裂く，を破る，を無理矢理引き離す
0918 vote [voʊt]	→			動 投票する，を投票で決める
0919 lock [lɑ(ː)k]	→			動 に鍵をかける
0920 harm [hɑːrm]	→			動 を損なう，を傷つける

✿ 記憶から引き出す

意 味	ID	単語を書こう
動 追求する，を捜す	0904	
動 を供給する	0914	
動 (ホームページなどを) 見て回る， サーフィンをする	0909	
動 成功する，継承する	0916	
動 (外見・性質などが) に似 ている	0907	
動 を閉じ込める， (動物) をわなで捕らえる	0911	
動 投票する， を投票で決める	0918	
動 滑り下りる，を滑らせる	0905	
動 を裂く，を破る， を無理矢理引き離す	0917	
動 を元気づける， の気分をさわやかにする	0902	

意 味	ID	単語を書こう
動 苦しむ，病気にかかる， (損害・損傷など) を受ける	0908	
動 を編む，編み物をする	0906	
動 溶ける，を溶かす	0903	
動 専門とする，専攻する	0913	
動 に鍵をかける	0919	
動 (を) 生き残る	0915	
動 強く主張する	0901	
動 をスイッチで切り替え る，を変える，転換する	0912	
動 を損なう，を傷つける	0920	
動 くっつく，を突き刺す	0910	

単語編

でる度
C
↓
0901
〜
0920

✿ Unit 45の復習テスト　　わからないときは前Unitで確認しましょう。

意 味	ID	単語を書こう
副 その上，さらに	0898	
形 ハンサムな， 端正な顔立ちの	0890	
形 精通して，よく知られた	0883	
副 ほとんど〜ない	0900	
形 好奇心の強い， 知りたがる	0882	
形 取り扱いの難しい， 繊細な	0887	
形 いてつくように寒い [冷たい]	0895	
形 平らな，空気の抜けた， 均一の	0888	
副 (___ fromで) 〜を除い て，〜から離れて	0899	
形 落ち着いた	0886	

意 味	ID	単語を書こう
形 愚かな，ばかな	0894	
形 バランス [均衡] の取れ た	0891	
副 徐々に	0896	
形 (the 〜) (その) 次の， 以下の	0889	
副 結局 (は)	0897	
形 (互いに) 似ている， 同様で	0885	
形 死んだ	0881	
形 勇敢な，勇ましい	0892	
形 素晴らしい，空想的な	0884	
形 (人・行為が) 不注意な， 軽率な	0893	

学習日　　　　　月　　　日

単語	1回目	2回目	3回目	意 味
0921 **award** [əwɔ́ːrd]	→			動 (賞など)を与える
0922 **consider** [kənsídər]	→		↓	動 についてよく考える, (を)熟考する
0923 **release** [rɪlíːs]	→		↓	動 を解放する
0924 **appear** [əpíər]	→		↓	動 出現する, のように見える
0925 **researcher** [rɪsə́ːrtʃər]	→		↓	名 研究者, 調査員
0926 **metal** [métəl]	→		↓	名 金属
0927 **manager** [mǽnɪdʒər]	→		↓	名 支配人, 管理者, 経営者
0928 **organization** [ɔ̀ːrɡənəzéɪʃən]	→		↓	名 組織, 団体
0929 **mystery** [místəri]	→		↓	名 ミステリー, 神秘
0930 **passenger** [pǽsɪndʒər]	→		↓	名 (列車・飛行機・船な どの)乗客
0931 **population** [pà(ː)pjuléɪʃən]	→		↓	名 人口
0932 **image** [ímɪdʒ]	→		↓	名 イメージ, 映像
0933 **level** [lévəl]	→		↓	名 水準, レベル
0934 **opportunity** [à(ː)pərtjúːnəti]	→		↓	名 機会
0935 **mayor** [méɪər]	→		↓	名 市長
0936 **quality** [kwá(ː)ləti]	→		↓	名 質
0937 **signal** [síɡnəl]	→		↓	名 信号, 合図
0938 **liquid** [líkwɪd]	→		↓	名 液体
0939 **majority** [mədʒɔ́(ː)rəti]	→		↓	名 大多数, 多数派, 過半数
0940 **location** [loʊkéɪʃən]	→		↓	名 場所, 位置

✖ 記憶から引き出す

意　味	ID	単語を書こう
图 研究者，調査員	0925	
图 水準，レベル	0933	
图 ミステリー，神秘	0929	
图 市長	0935	
图 (列車・飛行機・船などの)乗客	0930	
图 質	0936	
图 金属	0926	
動 についてよく考える，(を)熟考する	0922	
图 大多数，多数派，過半数	0939	
動 出現する，のように見える	0924	

意　味	ID	単語を書こう
图 組織，団体	0928	
图 液体	0938	
動 を解放する	0923	
图 支配人，管理者，経営者	0927	
图 信号，合図	0937	
图 イメージ，映像	0932	
動 (賞など)を与える	0921	
图 機会	0934	
图 場所，位置	0940	
图 人口	0931	

単語編　でる度 C　0921〜0940

✖ Unit 46の復習テスト　わからないときは前Unitで確認しましょう。

意　味	ID	単語を書こう
動 を編む，編み物をする	0906	
動 成功する，継承する	0916	
動 くっつく，を突き刺す	0910	
動 投票する，を投票で決める	0918	
動 (外見・性質などが)に似ている	0907	
動 を裂く，を破る，を無理矢理引き離す	0917	
動 (ホームページなどを)見て回る，サーフィンをする	0909	
動 (を)生き残る	0915	
動 苦しむ，病気にかかる，(損害・損傷など)を受ける	0908	
動 を供給する	0914	

意　味	ID	単語を書こう
動 に鍵をかける	0919	
動 溶ける，を溶かす	0903	
動 専門とする，専攻する	0913	
動 強く主張する	0901	
動 追求する，を捜す	0904	
動 を閉じ込める，(動物)をわなで捕らえる	0911	
動 滑り下りる，を滑らせる	0905	
動 をスイッチで切り替える，を変える，転換する	0912	
動 を元気づける，の気分をさわやかにする	0902	
動 を損なう，を傷つける	0920	

学習日　　　　月　　　日

単語	1回目	2回目	3回目	意 味
0941 pain [peɪn]	→			图 苦痛，(~s)苦労
0942 reality [riǽləṭi]	→			图 現実(性)，現実のもの
0943 rental [rénṭəl]	→			图 賃貸し[賃借り]すること，レンタル料
0944 midnight [mídnàɪt]	→			图 午前0時，夜中の12時
0945 influence [ínfluəns]	→			图 影響
0946 restroom [réstrù:m]	→			图 (公共建物内の)トイレ，化粧室
0947 shelter [ʃéltər]	→			图 避難所，住まい
0948 sheet [ʃi:t]	→			图 1枚(の紙)，(金属・ガラスなどの)薄板，シーツ
0949 operation [à(:)pəréɪʃən]	→			图 手術，操作
0950 photograph [fóuṭəgræf]	→			图 写真
0951 printer [prínṭər]	→			图 プリンター，印刷機
0952 rhythm [ríðm]	→			图 リズム
0953 shrimp [ʃrɪmp]	→			图 小エビ
0954 souvenir [sù:vəníər]	→			图 みやげ，記念品，思い出の品
0955 receipt [rɪsí:t]	→			图 レシート，領収書，受領
0956 lecture [léktʃər]	→			图 講義，講演
0957 rank [ræŋk]	→			图 階級，ランク
0958 horizon [həráɪzən]	→			图 (the ~)地平線，水平線，(通例 ~s)視野
0959 purse [pə:rs]	→			图 ハンドバッグ，(主に女性用の)財布
0960 harmony [há:rməni]	→			图 調和

✿ 記憶から引き出す

意 味	ID	単語を書こう
图 講義，講演	0956	
图 現実(性)，現実のもの	0942	
图 小エビ	0953	
图 手術，操作	0949	
图 苦痛，(~s)苦労	0941	
图 午前0時，夜中の12時	0944	
图 写真	0950	
图 リズム	0952	
图 階級，ランク	0957	
图 みやげ，記念品，思い出の品	0954	

意 味	ID	単語を書こう
图 調和	0960	
图 影響	0945	
图 ハンドバッグ，(主に女性用の)財布	0959	
图 避難所，住まい	0947	
图 賃貸し[賃借り]すること，レンタル料	0943	
图 プリンター，印刷機	0951	
图 (the ～)地平線，水平線，(通例 ～s)視野	0958	
图 1枚(の紙)，(金属・ガラスなどの)薄板，シーツ	0948	
图 レシート，領収書，受領	0955	
图 (公共建物内の)トイレ，化粧室	0946	

単語編

でる度
C
↓
0941
～
0960

✿ Unit 47の復習テスト　わからないときは前Unitで確認しましょう。

意 味	ID	単語を書こう
图 ミステリー，神秘	0929	
图 質	0936	
图 液体	0938	
图 場所，位置	0940	
图 機会	0934	
働 を解放する	0923	
图 (列車・飛行機・船などの)乗客	0930	
图 組織，団体	0928	
图 イメージ，映像	0932	
图 大多数，多数派，過半数	0939	

意 味	ID	単語を書こう
图 金属	0926	
图 水準，レベル	0933	
働 についてよく考える，(を)熟考する	0922	
图 信号，合図	0937	
图 研究者，調査員	0925	
图 市長	0935	
图 支配人，管理者，経営者	0927	
图 人口	0931	
働 出現する，のように見える	0924	
働 (賞など)を与える	0921	

学習日　　　　月　　　日

単　語	1回目	2回目	3回目	意　味
0961 **lawyer** [lɔ́:jər]	→			图 弁護士，法律家
0962 **origin** [ɔ́(:)rɪdʒɪn]	→	↓		图 起源
0963 **pause** [pɔ:z]	→	↓		图 休止，中止
0964 **popularity** [pà(:)pjulǽrəṭi]	→	↓		图 人気
0965 **praise** [preɪz]	→	↓		图 称賛，賛美
0966 **pride** [praɪd]	→	↓		图 プライド，誇り
0967 **reaction** [riǽkʃən]	→	↓		图 反応
0968 **rumor** [rú:mər]	→	↓		图 うわさ
0969 **shadow** [ʃǽdou]	→	↓		图 影，（日）陰
0970 **smoker** [smóukər]	→	↓		图 喫煙者
0971 **laughter** [lǽftər]	→	↓		图 笑い，笑い声
0972 **miracle** [mírəkl]	→	↓		图 奇跡
0973 **niece** [ni:s]	→	↓		图 めい
0974 **oyster** [ɔ́ɪstər]	→	↓		图 カキ
0975 **pace** [peɪs]	→	↓		图 （発展・生活・運動などの）速さ，ペース
0976 **penalty** [pénəlti]	→	↓		图 罰金，罰
0977 **prayer** [preər]	→	↓		图 祈り
0978 **projector** [prədʒéktər]	→	↓		图 映写機，プロジェクター
0979 **sketch** [sketʃ]	→	↓		图 スケッチ，概略
0980 **particular** [pərtíkjulər]	→	↓		形 特定の，特別の

❊ 記憶から引き出す

意味	ID	単語を書こう
图 喫煙者	0970	
形 特定の，特別の	0980	
图 うわさ	0968	
图 人気	0964	
图 (発展・生活・運動などの)速さ，ペース	0975	
图 弁護士，法律家	0961	
图 プライド，誇り	0966	
图 祈り	0977	
图 影，(日)陰	0969	
图 奇跡	0972	

意味	ID	単語を書こう
图 反応	0967	
图 映写機，プロジェクター	0978	
图 称賛，賛美	0965	
图 罰金，罰	0976	
图 起源	0962	
图 笑い，笑い声	0971	
图 休止，中止	0963	
图 カキ	0974	
图 スケッチ，概略	0979	
图 めい	0973	

単語編

でる度
C
↓
0961
〜
0980

❊ Unit 48 の復習テスト　〉わからないときは前 Unit で確認しましょう。

意味	ID	単語を書こう
图 賃貸し[賃借り]すること，レンタル料	0943	
图 小エビ	0953	
图 手術，操作	0949	
图 調和	0960	
图 1枚(の紙)，(金属・ガラスなどの)薄板，シーツ	0948	
图 レシート，領収書，受領	0955	
图 リズム	0952	
图 避難所，住まい	0947	
图 プリンター，印刷機	0951	
图 影響	0945	

意味	ID	単語を書こう
图 階級，ランク	0957	
图 (公共建物内の)トイレ，化粧室	0946	
图 講義，講演	0956	
图 苦痛，(〜s)苦労	0941	
图 写真	0950	
图 ハンドバッグ，(主に女性用の)財布	0959	
图 午前0時，夜中の12時	0944	
图 みやげ，記念品，思い出の品	0954	
图 (the 〜)地平線，水平線，(通例 〜s)視野	0958	
图 現実(性)，現実のもの	0942	

学習日　　　　月　　　日

単語	1回目	2回目	3回目	意　味
0981 **necessary** [nésəsèri]	→			形 必要な
0982 **natural** [nǽtʃərəl]	→			形 自然の，当然の，生まれつきの
0983 **smart** [smɑ:rt]	→			形 頭の良い，しゃれた
0984 **negative** [négəṭɪv]	→			形 否定の，消極的な
0985 **ordinary** [ɔ́:rdənèri]	→			形 普通の，並の
0986 **simple** [símpl]	→			形 簡単な，単純な，質素な
0987 **salty** [sɔ́(:)lti]	→			形 塩辛い，塩気のある
0988 **polite** [pəláɪt]	→			形 礼儀正しい
0989 **pure** [pjʊər]	→			形 汚れていない，純粋な
0990 **shy** [ʃaɪ]	→			形 引っ込み思案の，恥ずかしがりの
0991 **honest** [á(:)nəst]	→			形 正直な
0992 **instant** [ínstənt]	→			形 即時の，即席の
0993 **mad** [mæd]	→			形 怒って，狂気の，熱中して
0994 **hidden** [hídən]	→			形 隠された，秘密の
0995 **roast** [roʊst]	→			形 焼いた，あぶった
0996 **immediately** [ɪmí:diətli]	→			副 直ちに
0997 **naturally** [nǽtʃərəli]	→			副 自然に，(通例文頭で)当然
0998 **rarely** [réərli]	→			副 めったに～しない
0999 **shortly** [ʃɔ́:rtli]	→			副 じきに，まもなく
1000 **seldom** [séldəm]	→			副 めったに～(し)ない

❈ 記憶から引き出す

意味	ID	単語を書こう
形 必要な	0981	
副 じきに，まもなく	0999	
形 引っ込み思案の， 恥ずかしがりの	0990	
形 普通の，並の	0985	
副 めったに～（し）ない	1000	
形 頭の良い，しゃれた	0983	
形 焼いた，あぶった	0995	
形 簡単な，単純な，質素な	0986	
副 直ちに	0996	
形 塩辛い，塩気のある	0987	

意味	ID	単語を書こう
形 即時の，即席の	0992	
形 汚れていない，純粋な	0989	
形 怒って，狂気の， 熱中して	0993	
形 自然の，当然の， 生まれつきの	0982	
副 めったに～しない	0998	
形 隠された，秘密の	0994	
形 正直な	0991	
形 礼儀正しい	0988	
副 自然に， （通例文頭で）当然	0997	
形 否定の，消極的な	0984	

単語編

でる度 **C**
↓
0981
～
1000

❈ Unit 49 の復習テスト　わからないときは前Unitで確認しましょう。

意味	ID	単語を書こう
名 映写機，プロジェクター	0978	
名 うわさ	0968	
名 称賛，賛美	0965	
名 奇跡	0972	
名 罰金，罰	0976	
名 起源	0962	
名 反応	0967	
名 スケッチ，概略	0979	
名 影，（日）陰	0969	
名 プライド，誇り	0966	

意味	ID	単語を書こう
名 カキ	0974	
名 人気	0964	
形 特定の，特別の	0980	
名 めい	0973	
名 祈り	0977	
名 喫煙者	0970	
名 弁護士，法律家	0961	
名 （発展・生活・運動などの） 速さ，ペース	0975	
名 休止，中止	0963	
名 笑い，笑い声	0971	

単語	♪ 1回目	👁 2回目	👁 3回目	意味
1001 **argue** [áːrgjuː]	→			動 と主張する，言い争う
1002 **concentrate** [ká(ː)nsəntrèit]	→			動 集中する
1003 **delay** [diléi]	→			動 を遅らせる， を延期する
1004 **major** [méidʒər]	→			動 専攻する
1005 **achieve** [ətʃíːv]	→			動 を達成する， を成し遂げる
1006 **lack** [læk]	→			動 (に)欠けている， がない
1007 **refer** [rifə́ːr]	→			動 言及する，参照する
1008 **burn** [bəːrn]	→			動 燃える，を燃やす
1009 **sink** [siŋk]	→			動 沈む，を沈める
1010 **consist** [kənsíst]	→			動 成る，ある
1011 **spill** [spil]	→			動 をこぼす，こぼれる
1012 **mention** [ménʃən]	→			動 に言及する，を述べる
1013 **admit** [ədmít]	→			動 を(事実・妥当だと) 認める
1014 **blow** [blou]	→			動 (風が)吹く， に息を吹きかける
1015 **pretend** [priténd]	→			動 のふりをする
1016 **regret** [rigrét]	→			動 を後悔する
1017 **treatment** [tríːtmənt]	→			名 治療，取り扱い
1018 **survey** [sə́ːrvei]	→			名 (詳細な)調査
1019 **temple** [témpl]	→			名 寺，神殿
1020 **uniform** [júːnifɔ̀ːrm]	→			名 制服，ユニフォーム

❖ 記憶から引き出す

意 味	ID	単語を書こう
動 専攻する	1004	
動 沈む，を沈める	1009	
動 を遅らせる，を延期する	1003	
動 をこぼす，こぼれる	1011	
動 (風が)吹く， に息を吹きかける	1014	
動 と主張する，言い争う	1001	
動 を後悔する	1016	
動 を達成する， を成し遂げる	1005	
動 に言及する，を述べる	1012	
名 (詳細な)調査	1018	

意 味	ID	単語を書こう
動 のふりをする	1015	
動 成る，ある	1010	
名 治療，取り扱い	1017	
動 (に)欠けている，がない	1006	
名 寺，神殿	1019	
名 制服，ユニフォーム	1020	
動 言及する，参照する	1007	
動 を(事実・妥当だと)認める	1013	
動 燃える，を燃やす	1008	
動 集中する	1002	

単語編

でる度
C
⬇
1001
〜
1020

❖ Unit 50 の復習テスト ▶ わからないときは前Unitで確認しましょう。

意 味	ID	単語を書こう
形 普通の，並の	0985	
形 隠された，秘密の	0994	
形 簡単な，単純な，質素な	0986	
形 即時の，即席の	0992	
形 礼儀正しい	0988	
形 自然の，当然の， 生まれつきの	0982	
形 怒って，狂気の， 熱中して	0993	
形 頭の良い，しゃれた	0983	
副 めったに〜しない	0998	
形 否定の，消極的な	0984	

意 味	ID	単語を書こう
形 必要な	0981	
形 塩辛い，塩気のある	0987	
形 正直な	0991	
形 汚れていない，純粋な	0989	
副 自然に， (通例文頭で)当然	0997	
形 引っ込み思案の， 恥ずかしがりの	0990	
副 じきに，まもなく	0999	
形 焼いた，あぶった	0995	
副 めったに〜(し)ない	1000	
副 直ちに	0996	

学習日　　　　　月　　　日

単語	1回目	2回目	3回目	意 味
1021 **agency** [éɪdʒənsi]	→			图 代理店
1022 **temperature** [témpərətʃər]	→			图 気温，温度，体温
1023 **trend** [trend]	→			图 傾向，流行
1024 **surface** [sə́ːrfəs]	→			图 表面，(the ~)外見
1025 **throat** [θroʊt]	→			图 のど
1026 **profit** [prá(:)fət]	→			图 利益，もうけ
1027 **workplace** [wə́ːrkplèɪs]	→			图 (しばしば the ~)職場， 仕事場
1028 **symbol** [símbəl]	→			图 象徴，シンボル
1029 **web** [web]	→			图 (the Webで)(ワール ドワイド)ウェブ， クモの巣
1030 **track** [træk]	→			图 線路，走路， (通例 ~s)通った跡
1031 **task** [tæsk]	→			图 (課せられた)仕事
1032 **spelling** [spélɪŋ]	→			图 つづり，(字を正しく) つづること
1033 **summary** [sʌ́məri]	→			图 要約，まとめ
1034 **thunderstorm** [θʌ́ndərstɔ̀ːrm]	→			图 雷を伴う暴風雨
1035 **diamond** [dáɪmənd]	→			图 ダイヤモンド
1036 **manual** [mǽnjuəl]	→			图 説明書，マニュアル
1037 **stomach** [stʌ́mək]	→			图 胃，腹
1038 **theme** [θiːm]	→			图 テーマ，主題
1039 **thought** [θɔːt]	→			图 考え，思考
1040 **victory** [víktəri]	→			图 勝利

❋ 記憶から引き出す

意 味	ID	単語を書こう
图 代理店	1021	
图 線路，走路， （通例 ~s）通った跡	1030	
图 表面，(the ~)外見	1024	
图 象徴，シンボル	1028	
图 勝利	1040	
图 雷を伴う暴風雨	1034	
图 胃，腹	1037	
图 利益，もうけ	1026	
图 ダイヤモンド	1035	
图 (しばしば the ~)職場， 仕事場	1027	

意 味	ID	単語を書こう
图 テーマ，主題	1038	
图 説明書，マニュアル	1036	
图 つづり，（字を正しく） つづること	1032	
图 (the W-で)（ワールドワ イド）ウェブ， クモの巣	1029	
图 考え，思考	1039	
图 (課せられた)仕事	1031	
图 傾向，流行	1023	
图 要約，まとめ	1033	
图 のど	1025	
图 気温，温度，体温	1022	

❋ Unit 51の復習テスト　　わからないときは前Unitで確認しましょう。

意 味	ID	単語を書こう
動 (風が)吹く， に息を吹きかける	1014	
图 制服，ユニフォーム	1020	
動 と主張する，言い争う	1001	
图 (詳細な)調査	1018	
動 のふりをする	1015	
動 言及する，参照する	1007	
图 治療，取り扱い	1017	
動 燃える，を燃やす	1008	
動 集中する	1002	
動 をこぼす，こぼれる	1011	

意 味	ID	単語を書こう
動 専攻する	1004	
動 に言及する，を述べる	1012	
動 沈む，を沈める	1009	
動 を(事実・妥当だと)認め る	1013	
動 を達成する， を成し遂げる	1005	
图 寺，神殿	1019	
動 を後悔する	1016	
動 (に)欠けている，がない	1006	
動 を遅らせる，を延期する	1003	
動 成る，ある	1010	

単語	1回目	2回目	3回目	意 味
1041 **sword** [sɔːrd]	→			图 剣，刀
1042 **volume** [vɑ́(ː)ljəm]	→			图 音量，分量，（シリーズ本などの）巻
1043 **effect** [ɪfékt]	→			图 影響，結果
1044 **material** [mətíəriəl]	→			图 材料，生地，資料
1045 **statement** [stéɪtmənt]	→			图 陳述，声明
1046 **coast** [koʊst]	→			图 海岸，沿岸
1047 **fear** [fɪər]	→			图 恐れ，心配
1048 **countryside** [kʌ́ntrisàɪd]	→			图 （通例 the ～）田舎，田園地帯
1049 **issue** [íʃuː]	→			图 （雑誌などの）第～号，発行，問題
1050 **condition** [kəndíʃən]	→			图 状態，（～s）状況，条件
1051 **crime** [kraɪm]	→			图 犯罪
1052 **degree** [dɪgríː]	→			图 （温度・角度などの）度，程度
1053 **sunlight** [sʌ́nlàɪt]	→			图 日光
1054 **capital** [kǽpəṭəl]	→			图 首都，資本，大文字
1055 **behavior** [bɪhéɪvjər]	→			图 振る舞い，行動
1056 **childhood** [tʃáɪldhùd]	→			图 子供のころ，幼児期
1057 **rate** [reɪt]	→			图 比率，割合，速度
1058 **ancestor** [ǽnsèstər]	→			图 祖先
1059 **earthquake** [ɔ́ːrθkwèɪk]	→			图 地震
1060 **freedom** [fríːdəm]	→			图 自由

記憶から引き出す

意味	ID	単語を書こう
名 首都，資本，大文字	1054	
名 地震	1059	
名 材料，生地，資料	1044	
名 日光	1053	
名 海岸，沿岸	1046	
名 自由	1060	
名 (温度・角度などの)度，程度	1052	
名 (雑誌などの)第～号，発行，問題	1049	
名 祖先	1058	
名 剣，刀	1041	

意味	ID	単語を書こう
名 比率，割合，速度	1057	
名 犯罪	1051	
名 影響，結果	1043	
名 (通例 the ～)田舎，田園地帯	1048	
名 状態，(～s)状況，条件	1050	
名 陳述，声明	1045	
名 振る舞い，行動	1055	
名 恐れ，心配	1047	
名 音量，分量，(シリーズ本などの)巻	1042	
名 子供のころ，幼児期	1056	

Unit 52の復習テスト

わからないときは前Unitで確認しましょう。

意味	ID	単語を書こう
名 利益，もうけ	1026	
名 要約，まとめ	1033	
名 表面，(the ～)外見	1024	
名 代理店	1021	
名 のど	1025	
名 説明書，マニュアル	1036	
名 傾向，流行	1023	
名 考え，思考	1039	
名 線路，走路，(通例 ～s)通った跡	1030	
名 象徴，シンボル	1028	

意味	ID	単語を書こう
名 (課せられた)仕事	1031	
名 気温，温度，体温	1022	
名 つづり，(字を正しく)つづること	1032	
名 胃，腹	1037	
名 (しばしば the ～)職場，仕事場	1027	
名 雷を伴う暴風雨	1034	
名 テーマ，主題	1038	
名 (the W-で)(ワールドワイド)ウェブ，クモの巣	1029	
名 勝利	1040	
名 ダイヤモンド	1035	

単語	1回目	2回目	3回目	意 味
1061 citizen [síʧəzən]	→			名 市民，国民
1062 entertainment [ènʧərtéinmənt]	→			名 娯楽，催し物，もてなし
1063 frame [freim]	→			名 額縁，枠
1064 fare [feər]	→			名 (乗り物の)料金
1065 fault [fɔːlt]	→			名 欠点，誤り
1066 feature [fíːʧər]	→			名 特徴
1067 honor [á(:)nər]	→			名 敬意，光栄，名誉
1068 role [roul]	→			名 (俳優などの)役，役割
1069 stressful [strésfəl]	→			形 ストレスの原因となる，緊張を強いる
1070 thin [θin]	→			形 薄い，細い，やせた
1071 worth [wəːrθ]	→			形 価値がある
1072 tough [tʌf]	→			形 困難な，頑丈な，堅い
1073 well-known [wèlnóun]	→			形 よく知られている，有名な
1074 thick [θik]	→			形 太い，厚い
1075 suitable [súːʧəbl]	→			形 適した
1076 square [skweər]	→			形 平方の，正方形の
1077 full-time [fùltáim]	→			形 常勤の，専任の
1078 unfriendly [ʌnfréndli]	→			形 不親切な，よそよそしい
1079 likely [láikli]	→			形 (A is likely to do で) A は~しそうである，ありそうな
1080 official [əfíʃəl]	→			形 公式の，正式の，職務上の

❋ 記憶から引き出す

意 味	ID	単語を書こう	意 味	ID	単語を書こう
形 (A is ___ to doで) Aは〜しそうである，ありそうな	1079		名 娯楽，催し物，もてなし	1062	
形 薄い，細い，やせた	1070		形 困難な，頑丈な，堅い	1072	
形 常勤の，専任の	1077		名 敬意，光栄，名誉	1067	
名 (俳優などの)役，役割	1068		形 太い，厚い	1074	
名 額縁，枠	1063		名 市民，国民	1061	
形 不親切な，よそよそしい	1078		名 欠点，誤り	1065	
名 特徴	1066		形 よく知られている，有名な	1073	
形 適した	1075		形 公式の，正式の，職務上の	1080	
名 (乗り物の)料金	1064		形 ストレスの原因となる，緊張を強いる	1069	
形 平方の，正方形の	1076		形 価値がある	1071	

単語編

でる度
C
↓
1061
〜
1080

❋ Unit 53の復習テスト　〉わからないときは前Unitで確認しましょう。

意 味	ID	単語を書こう	意 味	ID	単語を書こう
名 日光	1053		名 祖先	1058	
名 (通例 the 〜)田舎，田園地帯	1048		名 影響，結果	1043	
名 材料，生地，資料	1044		名 首都，資本，大文字	1054	
名 恐れ，心配	1047		名 比率，割合，速度	1057	
名 振る舞い，行動	1055		名 音量，分量，(シリーズ本などの)巻	1042	
名 地震	1059		名 海岸，沿岸	1046	
名 子供のころ，幼児期	1056		名 状態，(〜s)状況，条件	1050	
名 犯罪	1051		名 陳述，声明	1045	
名 剣，刀	1041		名 自由	1060	
名 (温度・角度などの)度，程度	1052		名 (雑誌などの)第〜号，発行，問題	1049	

学習日　　　月　　　日

単 語	1回目	2回目	3回目	意 味
1081 **clear** [klɪər]	→			形 澄んだ, はっきりした, よく晴れた
1082 **ill** [ɪl]	→			形 病気で
1083 **unusual** [ʌnjúːʒuəl]	→			形 異常な, 普通でない
1084 **specific** [spəsífɪk]	→			形 特定の, 明確な
1085 **opposite** [ɑ́(ː)pəzɪt]	→			形 反対の
1086 **pleasant** [plézənt]	→			形 気持ちの良い, 快い
1087 **awful** [ɔ́ːfəl]	→			形 ひどい
1088 **direct** [dərékt]	→			形 直接の, まっすぐな
1089 **raw** [rɔː]	→			形 未加工の, 生の
1090 **totally** [tóuṭəli]	→			副 完全に, 全く, とても
1091 **surprisingly** [sərpráɪzɪŋli]	→			副 驚くほど, 意外にも
1092 **wrongly** [rɔ(ː)ŋli]	→			副 間違って, 誤って
1093 **further** [fɔ́ːrðər]	→			副 もっと遠くに, さらに
1094 **indeed** [ɪndíːd]	→			副 実は, 本当に
1095 **extremely** [ɪkstríːmli]	→			副 非常に, 極端に
1096 **perhaps** [pərhǽps]	→			副 もしかすると
1097 **unless** [ənlés]	→			接 …でない限り, …でなければ
1098 **unlike** [ʌnláɪk]	→			前 ～と異なって, ～らしくない
1099 **within** [wɪðín]	→			前 ～以内で [に]
1100 **toward** [tɔːrd]	→			前 ～の方へ

✿ 記憶から引き出す

意 味	ID	単語を書こう
形 異常な，普通でない	1083	
形 未加工の，生の	1089	
形 反対の	1085	
副 非常に，極端に	1095	
形 直接の，まっすぐな	1088	
前 〜と異なって，〜らしくない	1098	
形 ひどい	1087	
形 病気で	1082	
副 もしかすると	1096	
形 澄んだ，はっきりした，よく晴れた	1081	

意 味	ID	単語を書こう
前 〜以内で[に]	1099	
副 間違って，誤って	1092	
形 気持ちの良い，快い	1086	
副 完全に，全く，とても	1090	
副 実は，本当に	1094	
前 〜の方へ	1100	
副 もっと遠くに，さらに	1093	
接 …でない限り，…でなければ	1097	
副 驚くほど，意外にも	1091	
形 特定の，明確な	1084	

✿ Unit 54 の復習テスト ▶ わからないときは前 Unit で確認しましょう。

意 味	ID	単語を書こう
形 (A is ___ to do で) Aは〜しそうである，ありそうな	1079	
名 特徴	1066	
形 平方の，正方形の	1076	
形 ストレスの原因となる，緊張を強いる	1069	
名 (乗り物の)料金	1064	
名 敬意，光栄，名誉	1067	
形 価値がある	1071	
名 欠点，誤り	1065	
形 太い，厚い	1074	
名 (俳優などの)役，役割	1068	

意 味	ID	単語を書こう
形 困難な，頑丈な，堅い	1072	
形 不親切な，よそよそしい	1078	
名 市民，国民	1061	
形 公式の，正式の，職務上の	1080	
形 適した	1075	
名 額縁，枠	1063	
形 よく知られている，有名な	1073	
名 娯楽，催し物，もてなし	1062	
形 常勤の，専任の	1077	
形 薄い，細い，やせた	1070	

意 味	ID	単語を書こう	意 味	ID	単語を書こう
副 実は，本当に	1094		形 特定の，明確な	1084	
形 直接の，まっすぐな	1088		接 …でない限り，…でなければ	1097	
副 もっと遠くに，さらに	1093		形 気持ちの良い，快い	1086	
形 ひどい	1087		副 非常に，極端に	1095	
副 間違って，誤って	1092		形 澄んだ，はっきりした，よく晴れた	1081	
形 反対の	1085		前 ～以内で [に]	1099	
副 もしかすると	1096		前 ～の方へ	1100	
形 病気で	1082		前 ～と異なって，～らしくない	1098	
形 未加工の，生の	1089		形 異常な，普通でない	1083	
副 完全に，全く，とても	1090		副 驚くほど，意外にも	1091	

熟語編

でる度 **A** よくでる重要熟語 **200**

Section 12　**Unit** 56～60
Section 13　**Unit** 61～65

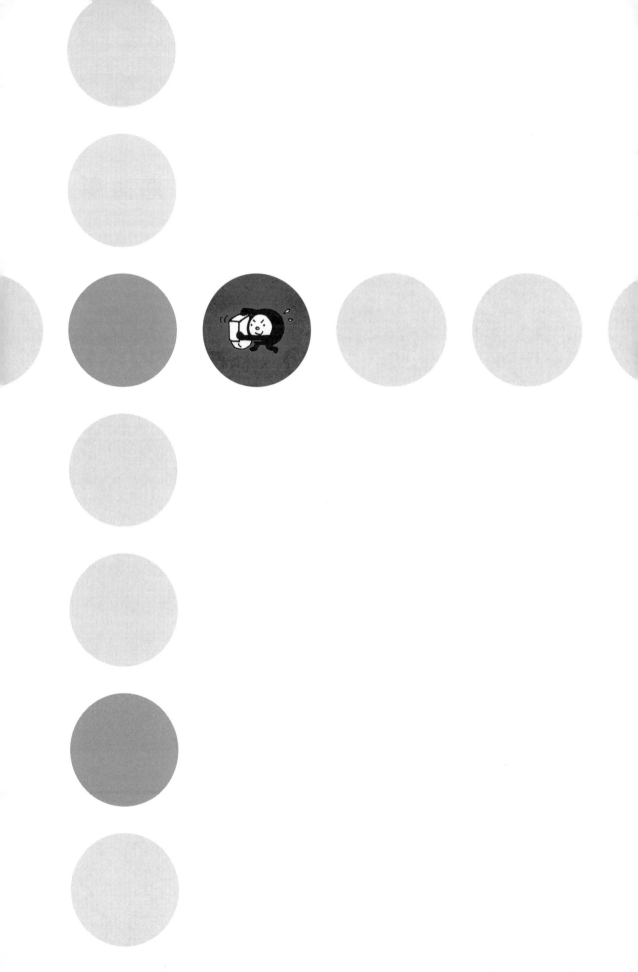

学習日　　　　　月　　　日

熟　語	1回目	2回目	意　味
1101 take care of ~	→		~を世話する
1102 take care	→		注意する，気をつける
1103 a few ~	→		少数の~，いくつかの~
1104 used to *do*	→		以前は~であった
1105 be used to *doing*	→		~するのに慣れている
1106 these days	→		このごろ
1107 too ... to *do*	→		~するには…すぎる
1108 the way ...	→		…のやり方
1109 because of ~	→		~の理由で
1110 get *A* to *do*	→		Aに~させる
1111 help *A* (to) *do*	→		Aが~するのを助ける
1112 pick up ~	→		~を拾い上げる， ~を取りに行く
1113 pay for ~	→		~の費用を払う
1114 such as ~	→		~のような
1115 so ~ that ...	→		とても~なので…
1116 each other	→		お互い
1117 at first	→		初めは
1118 do *A* good	→		Aの役に立つ
1119 thank *A* for *B*	→		AにBを感謝する
1120 be worried about ~	→		~を心配する

熟語編

でる度
A
↓
1101
~
1120

学習日　　　　月　　　日

熟　語	1回目	2回目	意　味
1121 in the past	→		昔は，これまでに
1122 live on ～	→		～を常食とする，～を収入源として生活する
1123 put out ～	→		(明かり・火)を消す
1124 far away	→		遠くに [へ]
1125 look like ...	→		…であるように見える，…しそうだ
1126 in fact	→		実際は
1127 find out ～	→		～を見つけ出す
1128 look up ～	→		～を調べる
1129 clean up (～)	→		(～を)すっかりきれいにする
1130 take part in ～	→		～に参加する
1131 keep (on) *doing*	→		～し続ける
1132 put on ～	→		～を着用する
1133 get married (to *A*)	→		(Aと)結婚する
1134 be afraid of ～	→		～を恐れる
1135 have time to *do*	→		～する時間を持つ
1136 have enough *A* to *do*	→		～するのに十分なAを持っている
1137 work for ～	→		～で働く
1138 work on ～	→		～に取り組む
1139 pick *A* up	→		Aを車で迎えに行く [来る]
1140 the first time ...	→		初めて…する [した] とき

例 文	訳
1111 Learning foreign languages will (　　　　) you (　　　　) other cultures.	外国語を学ぶことは，あなたが他の文化<u>を理解する助けになる</u>。
1105 My sister moved to France just a few months ago, so she (　　　) not (　　　　) (　　　　) (　　　　) French yet.	姉[妹]は2, 3か月前にフランスに引っ越したばかりで，まだフランス語<u>を話すのに慣れていない</u>。
1117 (　　　　) (　　　　) the branch had only two employees, but now over 50 people work there.	<u>初め</u>，その支店には従業員が2人しかいなかったが，今では50人以上がそこで働いている。
1109 Flight 401 to Los Angeles has been delayed (　　　) (　　　　) engine trouble.	ロサンゼルス行き401便は，エンジントラブル<u>のために</u>遅れている。
1118 Getting moderate exercise regularly will (　　　　) you (　　　　).	定期的に適度な運動をすることはあなた<u>のためになる</u>だろう。
1108 I like what he says, but I don't like (　　　) (　　　) he talks.	彼の言っていることは好きだけれど，彼の<u>話し方</u>は好きではない。
1113 He took a part-time job at his father's company to (　　　　) (　　　　) the trip.	彼は旅行の<u>費用を払う</u>ために父親の会社でアルバイトをした。
1110 I will (　　　) my son (　　　) (　　　) me with the dishes.	息子に私の皿洗いを<u>手伝ってもらおう</u>。
1104 There (　　　) (　　　) (　　　) a big cherry tree in the garden.	<u>かつて</u>庭には大きな桜の木が<u>あった</u>。
1115 I was (　　　) tired from work (　　　) I went to bed early.	私は仕事で<u>とても</u>疲れていた<u>ので</u>早く寝た。
1103 Bill has been on the school soccer team for (　　　　) (　　　) years.	ビルは<u>数年間</u>学校のサッカー部に所属している。
1101 I was asked to (　　　) (　　　) (　　　) her baby, but I refused.	彼女の赤ちゃんの<u>面倒を見る</u>ように頼まれたが，私は断った。
1114 Today, many convenient foods, (　　　) (　　　) frozen foods and boxed lunches, are getting popular.	今日，冷凍食品や弁当<u>のような</u>多くの便利な食品が人気を得ている。
1102 (　　　) (　　　) not to be late for school.	学校に遅刻しないように<u>気をつけなさい</u>。
1120 I heard about the accident in China on the television news, and I (　　　) very (　　　) (　　　) him.	私はテレビのニュースで中国での事故のことを聞き，<u>彼のことを</u>大変<u>心配していた</u>。
1116 The young lovers looked at (　　　) (　　　) and smiled.	若い恋人たちは<u>お互い</u>を見つめて，にっこり笑った。
1106 (　　　) (　　　), many people do their shopping online.	<u>このごろ</u>，多くの人がインターネットで買い物をする。
1112 Who is the boy (　　　) (　　　) trash over there?	あそこでゴミを<u>拾っている</u>男の子は誰ですか。
1107 You are (　　　) young (　　　) (　　　) out alone at night. Stay inside.	君は夜1人で<u>外出するには</u>幼すぎる。家にいなさい。
1119 (　　　) you (　　　) flying with our airline today.	本日は私どもの航空会社をご利用<u>いただきありがとうございます</u>。

熟語編

でる度
A
↓
1121
～
1140

解答 1111 help, understand　1105 is, used to speaking　1117 At first　1109 because of　1118 do, good　1108 the way　1113 pay for　1110 get, to help　1104 used to be　1115 so, that　1103 a few　1101 take care of　1114 such as　1102 Take care　1120 was, worried about　1116 each other 1106 These days　1112 picking up　1107 too, to go　1119 Thank, for

学習日　　　　　　　　月　　　日

熟語	1回目	2回目	意味
1141 right away	→		直ちに
1142 in order to *do*	→		~するために
1143 on time	→		時間通りに
1144 see (to it) that ...	→		必ず…するように取り計らう
1145 happen to *do*	→		たまたま~する
1146 far from ~	→		~から遠い
1147 be ready for ~	→		~の用意ができている
1148 make a reservation	→		予約する
1149 help *A* with *B*	→		AのBを手伝う
1150 get lost	→		道に迷う
1151 have a baby	→		赤ちゃんができる，子供を産む
1152 what to *do*	→		何を~すべきか
1153 the last *A* to *do*	→		最も~しそうにないA
1154 instead of ~	→		~の代わりに，~しないで
1155 take *A* for *B*	→		AをBと間違える
1156 as well	→		もまた
1157 turn off ~	→		（テレビ・明かりなど）を消す，（水など）を止める
1150 come out	→		（太陽・月などが）出る，（花が）咲く
1159 next to ~	→		~の隣に
1160 have fun	→		楽しむ

例　文	訳
1126 She said she was OK, but (　　　　)(　　　　), she was badly injured.	彼女は大丈夫だと言ったが，実際はひどいけがをしていた。
1131 They (　　　　)(　　　　)(　　　　) up each other until a rescue team came.	彼らは救助隊が来るまでお互いを励まし続けた。
1137 I am very lucky to have a chance to (　　　　)(　　　　) this company.	私はこの会社で働く機会を得てとても幸運だ。
1129 The volunteer group planned an event to (　　　　)(　　　　) the beach.	そのボランティアグループはビーチを掃除するイベントを計画した。
1138 He was busy (　　　　)(　　　　) his history paper all weekend.	彼は歴史の論文に取り組むのに週末ずっと忙しかった。
1124 Many children came from (　　　　)(　　　　) to take his violin lessons.	多くの子供たちが彼のバイオリンのレッスンを受けるために遠くからやってきた。
1127 Ms. White decided to (　　　　)(　　　　) which students had played the trick.	ホワイト先生はどの生徒がそのいたずらをしたのかを見つけ出そうと決心した。
1122 It is said that Japanese people have (　　　　)(　　　　) rice for a long time.	日本人は長い間，米を常食としてきたと言われている。
1134 I don't know why, but I (　　　　)(　　　　)(　　　　) the dark when I was little.	理由はわからないが，私は幼いころ暗闇が怖かった。
1121 (　　　　)(　　　　)(　　　　), most people used paper maps.	昔は，ほとんどの人が紙の地図を利用していた。
1139 My mother will (　　　　) me (　　　　) at the station tomorrow morning.	明日の朝，母が駅まで車で迎えに来てくれる予定だ。
1128 She doesn't know many Japanese words. She often (　　　　) (　　　　) new words in a dictionary.	彼女は日本語をあまりたくさんは知らない。彼女はよく辞書で知らない単語を調べる。
1123 Please (　　　　)(　　　　) your cigarette before you go to bed.	寝る前にタバコの火を消してください。
1136 The little girl didn't (　　　　)(　　　　) money (　　　　) (　　　　) that doll.	その小さな女の子はその人形を買うのに十分なお金を持っていなかった。
1132 (　　　　)(　　　　) warm clothes so you won't catch a cold.	風邪をひかないように暖かい服を着なさい。
1125 It (　　　　)(　　　　) it's going to rain, so take an umbrella with you.	雨が降りそうだから傘を持っていきなさいね。
1140 Most people feel uneasy (　　　　)(　　　　)(　　　　) they use the machine.	初めてその機械を使うとき，たいていの人は不安になるものだ。
1135 He got up late this morning, so he didn't (　　　　)(　　　　) (　　　　)(　　　　) breakfast.	今朝彼は寝坊してしまったので，朝食を取る時間がなかった。
1130 If we had been in Venice one month earlier, we could have (　　　　)(　　　　)(　　　　) the carnival.	もし1か月早くベニスに行っていたら，私たちはカーニバルに参加できただろうに。
1133 She is going to (　　　　)(　　　　)(　　　　) my cousin next month.	彼女は来月私のいとこと結婚する予定だ。

熟語編

でる度
A
↓
1141
～
1160

解答 1126 in fact　1131 kept on cheering　1137 work for　1129 clean up　1138 working on　1124 far away　1127 find out　1122 lived on
1134 was afraid of　1121 In the past　1139 pick, up　1128 looks up　1123 put out　1136 have enough, to buy　1132 Put on　1125 looks like　1140 the
first time　1135 have time to eat　1130 taken part in　1133 get married to

学習日　　　　　月　　　　日

熟　語	1回目	2回目	意　味
1161 a piece of ～	→		1個[1本，1枚]の～
1162 so that *A* can *do*	→		Aが～できるように
1163 on sale	→		売り出し中で
1164 get better	→		体調が良くなる， 上手になる
1165 throw away ～	→		～を捨てる
1166 do well	→		うまくいく，成功する
1167 even if ...	→		たとえ…でも
1168 one of the ～ *A*	→		最も～（形容詞の最上級） なA（複数名詞）のうちの 1つ
1169 where to *do*	→		どこへ[に，で]～すべき か
1170 search *A* for *B*	→		Bを求めてA（場所）を探 す
1171 thanks to ～	→		～のおかげで
1172 be different from ～	→		～と異なる
1173 sound like ～	→		～のようだ， ～のように聞こえる
1174 on foot	→		徒歩で
1175 except for ～	→		～を除いては
1176 take off ～	→		（身につけていた物）を脱 ぐ，とる
1177 get ready for ～	→		～の準備をする
1170 think about *doing*	→		～しようかなと思う
1179 for free	→		無料で
1180 a number of ～	→		たくさんの～， いくつかの～

例　文	訳
1160 We (　　　　) a lot of (　　　　) playing games together after dinner.	私たちは夕食後一緒にゲームをして大いに<u>楽しんだ</u>。
1148 I'd like to (　　　) (　　　) (　　　) for two people at six tonight.	今晩6時に2人で<u>予約をした</u>いのですが。
1145 I (　　　) (　　　) (　　　) the news of the accident on my way home.	私は家に帰る途中，その事故のニュースを<u>たまたま耳にした</u>。
1158 Sunday morning will be cloudy, but the sun may (　　　) (　　　) in the afternoon.	日曜日の午前中は曇りですが，午後は日が<u>出る</u>かもしれません。
1142 (　　　) (　　　) (　　　) (　　　) enough water into our bodies, we need to drink some water after taking a bath.	体内に十分な水分を<u>摂取するために</u>，私たちは入浴後に水を飲む必要がある。
1156 There are such search-and-rescue teams in Japan (　　　) (　　　).	日本に<u>もまた</u>そのような捜索救助隊がある。
1143 Whether he comes or not, we will start the meeting (　　　) (　　　).	彼が来ても来なくても，私たちは<u>時間通り</u>に会議を始めよう。
1155 My wife got angry because he (　　　) her (　　　) my mother.	彼は私の妻を私の母<u>と間違えた</u>ので，妻は怒った。
1149 Would you please (　　　) me (　　　) my math homework?	どうか私の数学の宿題を<u>手伝って</u>もらえませんか。
1154 Thanks to computers, more people can work at home (　　　) (　　　) working at the office.	コンピュータのおかげで，ますます多くの人々が会社で働く<u>代わりに</u>家で仕事をすることができる。
1157 When you leave this room, make sure you (　　　) (　　　) all the lights.	この部屋を出るときには，必ずすべての明かり<u>を消して</u>ください。
1159 (　　　) (　　　) the river they are building a new business area.	その川に<u>隣接して</u>，新しい商業地区が建設されている。
1144 (　　　) (　　　) (　　　) (　　　) dinner is ready by seven.	7時までに<u>必ず</u>夕食の準備をしておく<u>ようにしなさい</u>。
1150 How did they travel long distances without (　　　) (　　　)?	彼らはどうやって<u>道に迷う</u>ことなく長い距離を移動したのだろうか。
1141 You look terrible. You should see a doctor (　　　) (　　　).	ひどく調子悪そうだね。医者に<u>すぐ</u>診てもらった方がいいよ。
1152 We canceled our picnic, so we had to think about (　　　) (　　　) (　　　) instead.	私たちはピクニックを中止したので，代わりに<u>何をすべきか</u>考えなければならなかった。
1147 She got all dressed up and (　　　) (　　　) (　　　) her date.	彼女はすっかりおめかしして，デートの<u>準備ができていた</u>。
1151 She told her husband that they were going to (　　　) (　　　) (　　　) next spring.	彼女は夫に来年春に<u>子供が産まれる</u>と話した。
1146 You can walk to the station because it's not (　　　) (　　　) here.	駅はここから<u>遠くない</u>ので歩いて行けますよ。
1153 I believe him because he would be (　　　) (　　　) person (　　　) (　　　) a lie.	彼は<u>最もうそをつきそうにない人</u>だから，僕は彼の言うことを信じるよ。

解答 1160 had, fun　1148 make a reservation　1145 happened to hear　1158 come out　1142 In order to get　1156 as well　1143 on time　1155 took, for　1149 help, with　1154 instead of　1157 turn off　1159 Next to　1144 See to it that　1150 getting lost　1141 right away　1152 what to do　1147 was ready for　1151 have a baby　1146 far from　1153 the last, to tell

135

学習日　　　　　　月　　　　日

熟　語	1回目	2回目	意　味
1181 ask for ～		→	～を求める
1182 set up ～		→	～を設立する， ～を立てる
1183 come up with ～		→	～を思いつく
1184 at least		→	少なくとも
1185 a variety of ～		→	さまざまな～
1186 look after ～		→	～の世話をする
1187 along with ～		→	～と一緒に
1188 go into ～		→	～の中に入る
1189 take place		→	行われる，起こる
1190 give up (～)		→	(～を)あきらめる
1191 a couple of ～		→	2，3の～，2つの～
1192 translate *A* into *B*		→	AをBに翻訳する
1193 on earth		→	(疑問詞を強めて)一体全体
1194 be in the hospital		→	入院している
1195 decide on ～		→	～に決める
1196 (all) by *oneself*		→	1人きりで，独力で
1197 try on ～		→	～を試着する
1198 show *A* how to *do*		→	Aに～する方法を教える
1199 on *one's* way (to ～)		→	(～へ行く)途中で
1200 spend *A* on *B*		→	BにA（お金・時間など） を使う

例　文	訳
1178 She is (　　　　) (　　　　) (　　　　) around India this summer.	彼女は今年の夏にインド<u>を旅して</u>回ろう<u>と考えて</u>いる。
1173 That doesn't (　　　　) (　　　　) a fun way to spend a weekend.	それは週末を過ごす楽しい方法ではなさ<u>そうだ</u>ね。
1177 I have to (　　　　) (　　　　) (　　　　) my trip to England tonight.	今夜私はイングランド旅行<u>の準備をし</u>なければならない。
1166 Rose was unhappy because she didn't (　　　　) (　　　　) in her exams.	ローズは試験が<u>うまくいか</u>なかったので，悲しかった。
1175 (　　　　) (　　　　) the king, no one was allowed to sit on that chair.	王<u>を除いて</u>は，誰もそのいすに座ることは許されていなかった。
1170 She (　　　　) all over her house (　　　　) her missing car key.	彼女は，なくなった車の鍵<u>を求めて</u>家中<u>を探した</u>。
1162 The speaker spoke clearly (　　　　) (　　　　) the audience (　　　　) (　　　　) her well.	講演者は聴衆がよく<u>理解できるように</u>，はっきりと話した。
1171 (　　　　) (　　　　) the new amusement park, the city has become popular with visitors again.	新しい遊園地の<u>おかげで</u>，その都市は観光客に再び人気が出た。
1168 Soon it became (　　　　) (　　　　) (　　　　) most popular restaurants in the town.	まもなくそれは町で<u>一番</u>人気のあるレストラン<u>の1つ</u>になった。
1161 The journalist was taking notes on (　　　　) (　　　　) (　　　　) paper.	その記者は<u>1枚の</u>紙にメモを取っていた。
1180 Recently, (　　　　) (　　　　) (　　　　) women have started taking over men's jobs.	最近，<u>多くの</u>女性が男性の仕事を代わってし始めている。
1165 Where should I (　　　　) (　　　　) this empty can?	どこにこの空き缶<u>を捨て</u>たらよいのですか。
1179 The doctor decided to treat injured people (　　　　) (　　　　).	医者は負傷者たちを<u>無料で</u>治療することにした。
1172 My opinion (　　　　) (　　　　) (　　　　) yours.	私の意見はあなたのと<u>は違う</u>。
1174 I usually take the train, but I go to work (　　　　) (　　　　) when I have time.	私は普通は電車に乗るが，時間があるときには<u>歩いて</u>通勤する。
1164 Last week my father was sick in bed with a bad cold, but now he is (　　　　) (　　　　).	先週，父はひどい風邪で寝込んでいたが，今は<u>良くなってきている</u>。
1169 They haven't decided on (　　　　) (　　　　) (　　　　) in London yet.	彼らはロンドンで<u>どこに滞在するか</u>まだ決めていない。
1176 You had better (　　　　) (　　　　) your coat in the room.	部屋の中ではコート<u>を脱い</u>だ方がよい。
1163 These items are (　　　　) (　　　　) only during summer.	これらの品物は夏限定で<u>販売されてい</u>る。
1167 I'll go and watch the game (　　　　) (　　　　) it rains.	私は<u>たとえ</u>雨が降っ<u>ても</u>，その試合を見に行くつもりだ。

解答　**1178** thinking about traveling　**1173** sound like　**1177** get ready for　**1166** do well　**1175** Except for　**1170** searched, for　**1162** so that, could understand　**1171** Thanks to　**1168** one of the　**1161** a piece of　**1180** a number of　**1165** throw away　**1179** for free　**1172** is different from　**1174** on foot　**1164** getting better　**1169** where to stay　**1176** take off　**1163** on sale　**1167** even if

熟語編

でる度
A
↓
1181
〜
1200

学習日　　　　　月　　　日

熟　語	1回目	2回目	意　味
1201 than usual		→	いつもより
1202 walk around ～		→	～を歩き回る
1203 up to ～		→	～次第である
1204 be similar to ～		→	～と似ている
1205 fall asleep		→	寝入る
1206 so far		→	今までのところ
1207 *A* as well as *B*		→	Bはもちろんのこと A も
1208 be sure to *do*		→	必ず～する
1209 graduate from ～		→	～を卒業する
1210 be popular with ～		→	～に人気がある
1211 in the end		→	最後には，結局
1212 not *A* but *B*		→	AではなくB
1213 together with ～		→	～に加えて，～と一緒に
1214 for the first time		→	初めて
1215 feel like *doing*		→	～したい気がする
1216 apply for ～		→	～に応募する
1217 due to ～		→	～が原因で
1218 make out ～		→	～を理解する
1219 by the time ...		→	…するときまでに
1220 check in		→	チェックインする

例 文	訳
1185 Plastics thrown away in our daily lives create (　　　　　) (　　　　　) (　　　　　) environmental problems.	私たちの日常生活で捨てられているプラスチックは<u>さまざまな</u>環境問題を引き起こす。
1200 He always tells his children to (　　　　) money (　　　　) only necessary things.	彼は必要なものだけにお金<u>を使う</u>ように子供たちにいつも言う。
1197 Why don't you (　　　　) (　　　　) this jacket and see if it fits you?	この上着<u>を試着して</u>あなたにサイズが合うかどうか見てみたらどうですか。
1184 It took them (　　　　) (　　　　) five years to build the bridge.	その橋を建設するのに彼らは<u>少なくとも</u>5年を要した。
1199 Can you mail this letter (　　　　) (　　　　) (　　　　) (　　　　) school?	学校に<u>行く途中で</u>，この手紙を投函してもらえますか。
1188 They showed their tickets and (　　　　) (　　　　) the theater to see the musical.	彼らはチケットを見せて，そのミュージカルを見るために劇場<u>に入った</u>。
1182 The government has (　　　　) (　　　　) a committee to investigate the plane crash.	政府はその飛行機事故を調査する委員会<u>を設置した</u>。
1191 I'm going to stay in London for (　　　　) (　　　　) (　　　　) weeks.	私はロンドンに<u>2，3</u>週間滞在する予定だ。
1194 The coach (　　　　) (　　　　) (　　　　) (　　　　) with a broken leg.	コーチは脚の骨折で<u>入院している</u>。
1193 Why (　　　　) (　　　　) did you make such a mistake?	<u>一体全体</u>あなたはどうしてそんな失敗をしたのですか。
1187 The volunteer group sent us a lot of medicine (　　　　) (　　　　) food and water.	そのボランティアグループは私たちに，食糧や水<u>と一緒に</u>たくさんの薬を送ってきた。
1192 I'd like you to (　　　　) this passage (　　　　) English.	あなたにこの文章を英語<u>に翻訳して</u>もらいたいのですが。
1186 His school decided to (　　　　) (　　　　) the kitten and kept it in the teachers' room.	彼の学校はその子猫<u>の世話をする</u>ことにし，職員室でそれを飼った。
1195 We have (　　　　) (　　　　) leaving this town tomorrow morning.	私たちは，明日の朝この町を去ること<u>に決めた</u>。
1189 The graduation ceremony (　　　　) (　　　　) on March 1.	卒業式は3月1日に<u>行われた</u>。
1181 You should (　　　　) (　　　　) a second opinion when you decide on something.	君は何かを決めるとき，他の人の意見<u>を求める</u>べきだ。
1196 Since there were no other teammates in the gym, she started to practice (　　　　) (　　　　).	体育館には他のチームメートが誰もいなかったので，彼女は<u>1人で</u>練習し始めた。
1198 Thank you for (　　　　) me (　　　　) (　　　　) (　　　　) e-mails on the computer.	コンピュータでメール<u>を送る方法を教え</u>ていただき，ありがとうございます。
1190 This mountain is too high. Let's (　　　　) (　　　　) our plan to climb it.	この山は高すぎる。登山計画<u>を断念しよ</u>う。
1183 Children sometimes (　　　　) (　　　　) (　　　　) funny ideas and surprise their parents.	子供たちは時々おかしな考え<u>を思いつ</u><u>き</u>，親たちを驚かせることがある。

熟語編

でる度 **A**
↓
1201
〜
1220

解答 **1185** a variety of　**1200** spend, on　**1197** try on　**1184** at least　**1199** on your way to　**1188** went into　**1182** set up　**1191** a couple of
1194 is in the hospital　**1193** on earth　**1187** along with　**1192** translate, into　**1186** look after　**1195** decided on　**1189** took place　**1181** ask for
1196 by herself　**1198** showing, how to send　**1190** give up　**1183** come up with

学習日　　　　　月　　　日

熟　語	1回目	2回目	意　味
1221 look over ~	→		～をざっと調べる
1222 keep up with ~	→		～に遅れないでついていく
1223 on (the) average	→		平均して
1224 come down	→		降りてくる，下がる
1225 go over ~	→		～を見直す， ～を詳細に調べる
1226 run after ~	→		～を追いかける
1227 turn down ~	→		～を断る
1228 introduce *A* to *B*	→		AをBに紹介する
1229 get on ~	→		（電車・バス・飛行機など）に乗る
1230 add *A* to *B*	→		AをBに加える
1231 complain about ~	→		～について不平[苦情]を言う
1232 have time for ~	→		～のための時間を持つ
1233 hear from ~	→		～から連絡を受ける， ～から便りをもらう
1234 line up	→		列を作る
1235 take over ~	→		～を引き継ぐ
1236 as soon as ...	→		…するとすぐに
1237 call (*A*) back	→		（Aに）電話をかけ直す
1238 go to the doctor	→		医者に診てもらう
1239 in a group	→		グループで
1240 not only *A* but (also) *B*	→		AばかりでなくBもまた

例 文	訳
1211 My brother tried many times to pass the examination, and (　　　) (　　　) (　　　), he succeeded.	兄[弟]は何度も試験に挑戦して、**最後には**合格した。
1208 After using the dictionaries, please (　　　) (　　　) (　　　) (　　　) them back where they were.	辞書を使い終わったら、**必ず**それらを元あった場所に**戻して**ください。
1210 The math teacher (　　　) (　　　) (　　　) the students because his lessons are interesting.	授業が面白いので、その数学の先生は生徒に**人気がある**。
1217 Some low-income families will receive more money (　　　) (　　　) the changes in the law.	低所得の家庭の中には法律の変更**によって**もっと多くのお金を受け取る家庭もあるだろう。
1212 My uncle is (　　　) a dentist (　　　) a physician.	私のおじは歯科医**ではなく**、内科医だ。
1205 He (　　　) (　　　) while driving and almost caused an accident.	彼は運転中に**居眠りをして**事故を起こしそうになった。
1220 We (　　　) (　　　) at the hotel in front of the museum.	私たちは美術館前のホテルに**チェックインした**。
1207 I like classical music (　　　) (　　　) (　　　) jazz.	私はジャズは**もちろんのこと**クラシック音楽**も**好きだ。
1216 The young man (　　　) (　　　) a job to pick apples on a farm this fall.	その若者は今年の秋、農園でリンゴを摘む仕事に**応募した**。
1206 I agree with everything she has said (　　　) (　　　).	私は彼女が**今まで**言ってきたことすべてに同意見だ。
1213 (　　　) (　　　) Britain, France may stop accepting waste from the country.	イギリスに**加えて**、フランスもその国からの廃棄物の受け入れを停止するかもしれない。
1209 He (　　　) (　　　) university and started to work for a bank.	彼は大学**を卒業して**、銀行で働き始めた。
1202 It is fun to (　　　) (　　　) a town we don't know much about.	あまりよく知らない町**を歩き回る**のは楽しい。
1215 I'm sorry, I don't (　　　) (　　　) (　　　) right now.	悪いけど、僕は今、**話をしたい気分では**ないんだ。
1203 It is (　　　) (　　　) you to decide whether you will study abroad or not.	留学するかどうかを決めるのは**君次第だ**。
1201 Since there was a lot more traffic (　　　) (　　　) this morning, I was late getting to my office.	今朝は**いつもより**ずっと交通量が多かったので、私は会社に着くのが遅れた。
1218 She couldn't (　　　) (　　　) what her friends were talking about.	彼女は友達が何について話しているのか**わから**なかった。
1204 This event (　　　) (　　　) (　　　) summer festivals in Japan.	この行事は日本の夏祭り**と似ている**。
1219 (　　　) (　　　) (　　　) she arrived, we had finished cleaning.	彼女が到着する**までに**、私たちは掃除を終えていた。
1214 When I saw an elephant (　　　) (　　　) (　　　) (　　　), I was surprised at its size.	**初めて**ゾウを見たとき、私はその大きさに驚いた。

解答 1211 in the end　1208 be sure to put　1210 is popular with　1217 due to　1212 not, but　1205 fell asleep　1220 checked in　1207 as well as　1216 applied for　1206 so far　1213 Together with　1209 graduated from　1202 walk around　1215 feel like talking　1203 up to　1201 than usual　1218 make out　1204 is similar to　1219 By the time　1214 for the first time

学習日　　　　月　　　日

熟 語	1回目	2回目	意 味
1241 shake hands	→		握手をする
1242 tell A how to do	→		Aに~する方法を教える
1243 see if ...	→		…かどうか確かめる
1244 for instance	→		例えば
1245 fill out ~	→		~に書き込む
1246 would like A to do	→		Aに~してもらいたい
1247 grow up to be ~	→		成長して~になる
1248 by mistake	→		間違って
1249 take a break	→		休憩する
1250 as ~ as possible	→		できるだけ~
1251 make sure (that) ...	→		…であることを確実にする
1252 ... enough to do	→		~するのに十分…
1253 prefer A to B	→		BよりAを好む
1254 go ahead	→		先に行く
1255 the same A as B	→		Bと同じA
1256 for fun	→		遊びで
1257 stop by (~)	→		(~に)立ち寄る
1258 cut down ~	→		(木など)を切り倒す, (出費など)を減らす
1259 at a time	→		一度に, 一回につき
1260 before long	→		まもなく

例　文	訳
1233 I haven't (　　　　) (　　　　) her since she moved to New York.	彼女がニューヨークに引っ越してから，**連絡をもらって**いない。
1230 My father usually (　　　　) some milk (　　　　) his coffee, but this morning he drank it black.	父は普通コーヒーに牛乳**を入れる**が，今朝はブラックで飲んだ。
1225 Before we start, let's (　　　　) (　　　　) the main points of the last discussion.	始める前に，前回の話し合いの要点**を**もう一度**復習して**おきましょう。
1240 In the West, bread is (　　　　) (　　　　) considered a kind of food, (　　　　) it is (　　　　) a symbol for food in general.	西洋ではパンは**単に**食べ物の一種と考えられている**だけでなく**，食べ物全般の象徴でもある。
1231 He is not my type because he is always (　　　　) (　　　　) everything.	いつもすべてのことに**不平を言っている**から，彼は私のタイプではない。
1227 I'm afraid she will (　　　　) (　　　　) my request.	彼女が私の頼み**を断る**のではないかと心配している。
1236 I will send you an e-mail (　　　　) (　　　　) (　　　　) we decide the date and place for the party.	パーティーの日にちと場所が決まっ**たらすぐに**メールを送りますね。
1229 Who is that gentleman (　　　　) (　　　　) the plane?	飛行機に**乗りこんでいる**あの紳士は誰ですか。
1223 (　　　　) (　　　　) my father works 50 hours a week.	私の父は**平均して**週に50時間働く。
1237 Could you tell her to (　　　　) me (　　　　) when she comes home?	帰宅したら私に**電話をかけ直して**くれるように彼女に伝えてもらえますか。
1222 (　　　　) (　　　　) (　　　　) world affairs by reading newspapers is very important.	新聞を読んで世界情勢に**遅れずについていくこと**は非常に大切なことだ。
1239 I think studying (　　　　) (　　　　) (　　　　) is much better than studying alone.	私は**グループで**勉強する方が1人で勉強するよりもずっと良いと思う。
1221 It will take me more than three hours to (　　　　) (　　　　) the document.	私がその書類に**ざっと目を通す**のに3時間以上かかるだろう。
1226 The police officer (　　　　) (　　　　) the thief and finally caught him.	警官は泥棒**を追いかけ**，最後には捕まえた。
1235 You are supposed to (　　　　) (　　　　) the family business.	あなたは家業**を継ぐ**ことになっているのです。
1224 I found that my cat climbed up a tree and could not (　　　　) (　　　　).	私は飼い猫が木に登り，**降りてこ**られないことがわかった。
1232 We spent most of the time shopping and (　　　　) no (　　　　) (　　　　) sightseeing.	私たちはほとんどの時間を買い物に費やし，観光**のための時間が**全くなかった。
1228 By showing this film, the director tries to (　　　　) various cultures (　　　　) people.	この映画を見せることによって，監督はさまざまな文化**を**人々に**紹介**しようとしている。
1238 She (　　　　) (　　　　) (　　　　) (　　　　) and the doctor told her to rest for a while.	彼女は**医者に診てもらったところ**，医者は彼女に少し休むように言った。
1234 At that station, there were a lot of people (　　　　) (　　　　) for a taxi.	その駅では，タクシーのために**列を作っている**人々が多くいた。

熟語編

でる度
A
↓
1241
〜
1260

解答　1233 heard from　1230 adds, to　1225 go over　1240 not only, but, also　1231 complaining about　1227 turn down　1236 as soon as
1229 getting on　1223 On average　1237 call, back　1222 Keeping up with　1239 in a group　1221 look over　1226 ran after　1235 take over
1224 come down　1232 had, time for　1228 introduce, to　1238 went to the doctor　1234 lining up

学習日　　　　　　　　月　　　日

熟語	1回目	2回目	意味
1261 by chance	→		偶然に
1262 exchange *A* for *B*	→		AをBと交換する
1263 in addition to 〜	→		〜に加えて
1264 make a mistake	→		間違える
1265 in a hurry	→		急いで
1266 in time (for 〜)	→		(〜に)間に合って
1267 *A*, *B*, and so on	→		AやBなど
1268 be responsible for 〜	→		〜に対して責任がある
1269 by nature	→		生まれつき
1270 on purpose	→		わざと
1271 at the (very) moment	→		(現在形で)(ちょうど)今, (過去形で)(ちょうど)その ときに
1272 send out 〜	→		〜を発送する, 〜を派遣する
1273 put down 〜	→		〜を書き留める
1274 look forward to *doing*	→		〜することを楽しみに待 つ
1275 be in trouble	→		困っている
1276 all (the) year round	→		一年中
1277 be about to *do*	→		まさに〜するところであ る
1278 be typical of 〜	→		〜に特有である, 〜に典型的である
1279 by the side of 〜	→		〜のそばに
1280 come to life	→		意識を回復する, 活気づく

例　文	訳
1256 Don't forget we've come here on business, not (　　　　　) (　　　　　).	遊びでではなく仕事でここに来ていることを忘れないように。
1251 (　　　　　) (　　　　　) (　　　　　) everything is ready for the party by five.	必ず5時までにパーティーの準備がすべてできているようにしてください。
1257 In that case, I'll (　　　　　) (　　　　　) your house on the way home.	そういうことなら、僕が家に帰る途中で君の家に立ち寄ろう。
1250 Please write me back (　　　　　) soon (　　　　　) (　　　　　).	できるだけ早く返事をください。
1253 Nowadays more and more people (　　　　　) country life (　　　　　) city life.	今日では都会の暮らしより田舎の暮らしを好む人がますます多くなっている。
1247 My daughter might (　　　　) (　　　　) (　　　　) (　　　　) a writer, as she loves writing.	私の娘は書くことが大好きなので、ひょっとすると大きくなって作家になるかもしれない。
1252 I envy you because you are rich (　　　　) (　　　　) (　　　　) such an expensive car.	そんなに高い車を買えるほどの金持ちだから君がうらやましい。
1258 In order to keep the fire from spreading, the firefighters began to (　　　　) (　　　　) trees in the forest.	火事が広がらないように、消防士たちは森の木を切り倒し始めた。
1244 (　　　　) (　　　　), it is becoming increasingly difficult to book flights during the summer holidays.	例えば、夏休み中に飛行機の予約を取ることはますます難しくなっている。
1248 Oh no! I've taken someone else's umbrella (　　　　) (　　　　).	しまった！　他の人の傘を間違って持ってきてしまったよ。
1242 Could you (　　　　) me (　　　　) (　　　　) (　　　　) to the nearest station?	最寄りの駅までの行き方を教えていただけますか。
1260 Our English teacher is going to go back to England (　　　　) (　　　　).	私たちの英語の先生はまもなくイングランドに戻る予定である。
1243 Let's (　　　　) (　　　　) swimming every day is good for our health.	毎日泳ぐことが健康に良いかどうか確かめてみよう。
1259 This screen is capable of showing up to 24 pictures (　　　　) (　　　　) (　　　　).	このスクリーンは一度に24枚まで写真を写すことができる。
1255 I graduated from college in (　　　　) (　　　　) year (　　　　) your father.	私はあなたのお父さんと同じ年に大学を卒業した。
1241 She was proud that she had (　　　　) (　　　　) with the President of the U.S.	彼女はアメリカ大統領と握手したことを自慢していた。
1246 I (　　　　) (　　　　) you (　　　　) (　　　　) a helping hand to people in need.	私はあなたがたに困っている人に救いの手を差しのべていただきたいのです。
1249 Let's (　　　　) (　　　　) (　　　　) for about ten minutes. I'll make coffee for you.	10分間ほど休憩しよう。僕がコーヒーを入れてあげるよ。
1245 Please (　　　　) (　　　　) this application form.	この申し込み書に記入してください。
1254 (　　　　) (　　　　) and wait at the porch. I'll be there in a minute.	先に行って玄関で待っていてください。すぐに行きます。

熟語編

でる度
A
↓
1261
～
1280

解答　1256 for fun　1251 Make sure that　1257 stop by　1250 as, as possible　1253 prefer, to　1247 grow up to be　1252 enough to buy
1258 cut down　1244 For instance　1248 by mistake　1242 tell, how to get　1260 before long　1243 see if　1259 at a time　1255 the same, as
1241 shaken hands　1246 would like, to give　1249 take a break　1245 fill out　1254 Go ahead

熟　語	1回目	2回目	意　味
1281 compare *A* with *B*	→		AをBと比べる
1282 cut off ～	→		～を切り離す[切り取る]
1283 do *A* a favor	→		Aに親切な行為をする
1284 do the laundry	→		洗濯をする
1285 drop by (～)	→		(～に)ひょいと立ち寄る
1286 focus on ～	→		～に焦点を絞る，～に注意を集中する
1287 go out	→		外出する
1288 lose sight of ～	→		～を見失う
1289 put off ～	→		～を延期する
1290 show off ～	→		～を見せびらかす
1291 stay away from ～	→		～に近づかないでいる，～を控える
1292 as you know	→		知っての通り
1293 be over	→		終わっている
1294 make friends with *A*	→		Aと友達になる
1295 be made from ～	→		～で作られている
1296 run away	→		逃げる
1297 a pair of ～	→		1対の～，1組の～
1298 once a week	→		週に1度
1299 fall down	→		転ぶ，落ちる
1300 in a minute	→		すぐに

例 文	訳
1277 She ( ) ( ) ( ) ( ) home when the phone began ringing.	電話が鳴り始めたとき，彼女は**ちょうど外出するところ**だった。
1268 The video shows which person ( ) ( ) ( ) the accident.	その映像を見れば，どの人がその事故に**対して責任がある**のかがわかる。
1264 Don't be afraid of ( ) ( ) when you speak English.	英語を話すときには**間違える**ことを恐れてはいけません。
1275 Just remember that I will always stand by you if you ( ) ( ) ( ).	あなたが**困っている**場合は，いつも私があなたの力になるということをぜひ覚えておいてください。
1262 Since the shoes were too small for him, he ( ) them ( ) larger ones.	その靴は小さすぎたので，彼はそれ**をも**っと大きいもの**と交換した**。
1272 The secretary ( ) ( ) a lot of e-mails every day.	その秘書は毎日多くのメール**を送信する**。
1280 The rugby player ( ) ( ) ( ) about three hours after the operation.	そのラグビー選手は手術から3時間ほどして**意識を回復した**。
1266 The train was delayed, but we came ( ) ( ) ( ) the meeting.	電車は遅れたが，私たちは会議に**間に合**って到着した。
1278 It ( ) ( ) ( ) him to be late for meetings.	会議に遅れるのは彼に**よくあることだ**。
1269 My big brother is, ( ) ( ), an optimist.	私の兄は**生来の**楽天家だ。
1276 The house where the writer was born is open to the public ( ) ( ) ( ) ( ).	その作家の生家は**一年中**，一般公開されている。
1279 He parked his car ( ) ( ) ( ) ( ) the road because there was something wrong with the engine.	エンジンが不調だったので彼は車を道端**に停めた**。
1273 I ( ) ( ) his address in my diary.	私は手帳に彼の住所**を書き留めた**。
1271 Sorry, but she's out shopping for some groceries ( ) ( ) ( ).	ごめんなさい。彼女は**ちょうど今**雑貨を買いに外出中なのです。
1261 I met an old friend at the station ( ) ( ) yesterday.	昨日，私は駅で**偶然に**昔の友達に会った。
1274 The children are ( ) ( ) ( ) ( ) a barbecue at the beach.	子供たちはビーチでバーベキュー**をする**のを楽しみにしている。
1265 My sister dressed herself for the party ( ) ( ) ( ).	姉[妹]は**急いで**パーティー用の服に着替えた。
1270 I broke this vase, but I didn't do it ( ) ( ).	この花びんを割ったのは僕だけど，**わざと**やったんじゃないよ。
1263 ( ) ( ) ( ) English, my brother can speak German fluently.	兄[弟]は英語に**加えて**，ドイツ語も流暢に話せる。
1267 The mother told her son to buy notebooks, pencils, erasers, ( ) ( ) ( ).	その母親は息子にノートや鉛筆，消しゴム**など**を買うように言った。

熟語編

でる度 **A**
↓
1281
～
1300

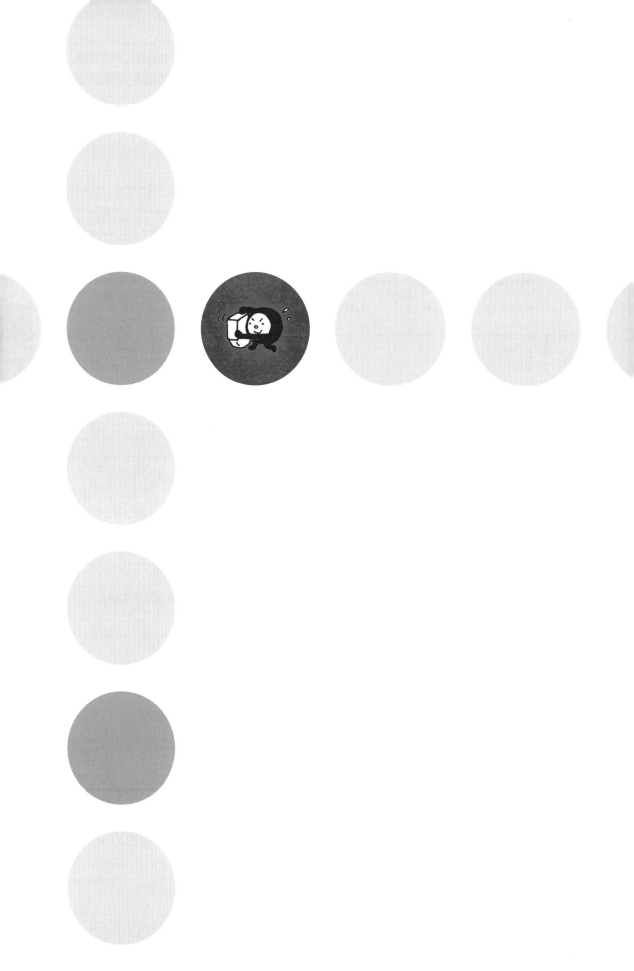

熟語編

でる度 **B** 差がつく応用熟語

200

Section 14　**Unit 66 ~ 70**
Section 15　**Unit 71 ~ 75**

学習日 　　　月　　　日

熟 語	1回目	2回目	意 味
1301 on *one's* way home	→		家に帰る途中で
1302 across from ～	→		～の真向かいに, ～の向こう側に
1303 after a while	→		しばらくして
1304 be away	→		留守にする
1305 get out of ～	→		～から出る, (車など) を降りる
1306 have a chance to *do*	→		～する機会を持つ
1307 run into ～	→		～と偶然出会う
1308 sleep well	→		よく眠る
1309 some other time	→		いつか別のときに
1310 take *A* out of *B*	→		BからAを取り出す
1311 suffer from ～	→		～の病気にかかる, ～に苦しむ
1312 in particular	→		特に
1313 be based on ～	→		～に基づいている
1314 bring back ～	→		～を持ち [連れ] 帰る
1315 no longer ～	→		もはや～でない
1316 depend on ～	→		～次第である, ～に依存する
1317 get rid of ～	→		～を取り除く
1318 leave for ～	→		～に出かける, ～に向けて出発する
1319 turn on ～	→		～のスイッチを入れる
1320 result in ～	→		結局～に終わる

例 文	訳
1290 I don't like the way he (　　　　) (　　　　　　) everything he wears.	私は，自分の身につけているものは何でも**見せびらかす**彼のやり方が好きではない。
1283 Would you (　　　　) me (　　　　) (　　　　　)?	**お願いしたいことがあるのですが**。
1296 A monkey (　　　　) (　　　　　) from the zoo yesterday and it has not been found yet.	昨日サルが動物園から**逃げたが**，まだ見つかっていない。
1288 The student (　　　　) (　　　　) (　　　　) his goal and didn't know what to do next.	その学生は自分の目標を**見失い**，次に何をすべきかわからなかった。
1299 She (　　　　) (　　　　　) many times while she was skiing.	彼女はスキーをしているとき何度も**転んだ**。
1294 It took him only one day to (　　　　) (　　　　) (　　　　) his classmates at the new school.	彼は新しい学校でクラスメート**と友達になる**のに1日しかかからなかった。
1285 Feel free to (　　　　) (　　　　　) whenever you want.	来たいときはいつでも気軽に**立ち寄って**ください。
1298 (　　　　) (　　　　　) (　　　　　) she visits the kindergarten and reads some fairy tales to the children.	**週に1度**，彼女はその幼稚園を訪れて子供たちにおとぎ話を読んであげている。
1293 Since the mid-term exams (　　　　) (　　　　), let's go somewhere and have fun!	中間テストが**終わったから**，どこかに行って楽しもうよ！
1297 I'm looking for (　　　　) new (　　　　) (　　　　) soccer shoes for my son.	私は息子用の**1足の**新しいサッカーシューズを探しています。
1284 It looks like rain, so it would be better not to (　　　　) (　　　　) (　　　　) today.	雨が降りそうだから，今日は**洗濯をしない**方がいいでしょう。
1292 (　　　　) (　　　　) (　　　　), your basketball coach is now in the hospital because of his injury.	**知っての通り**，皆さんのバスケットボールのコーチは現在けがのため入院中です。
1300 I'm sorry, ma'am. I'll bring your order (　　　　) (　　　　) (　　　　).	お客さま，申し訳ございません。ご注文のものを**すぐに**持ってまいります。
1295 She loves cheese (　　　　) (　　　　) goat milk.	彼女はヤギの乳**で作られた**チーズが大好きだ。
1282 After she broke up with her boyfriend, she (　　　　) (　　　　) her hair.	彼女は恋人と別れた後，**髪を切った**。
1287 She (　　　　) (　　　　) for lunch, but she should be back here in a few minutes.	彼女は昼食のために**外に出たが**，数分でここに戻ってくるはずだ。
1291 (　　　　) (　　　　) (　　　　) a barking dog. It might bite you.	ほえている犬に**近づいてはいけません**。あなたに噛みつくかもしれません。
1281 After the math exam, she (　　　　) her answers (　　　　) those of her friends.	数学の試験の後で，彼女は自分の答え**を友人たちの答えと比べた**。
1286 Let's (　　　　) (　　　　) problems with the plan in our next discussion.	次の話し合いではその計画の問題点に**焦点を絞り**ましょう。
1289 We had to (　　　　) (　　　　) the soccer game because of bad weather.	私たちは悪天候のためにサッカーの試合**を延期し**なければならなかった。

熟語編

でる度 B

↓

1301
〜
1320

解答 **1290** shows off **1283** do, a favor **1296** ran away **1288** lost sight of **1299** fell down **1294** make friends with **1285** drop by **1298** Once a week **1293** are over **1297** a, pair of **1284** do the laundry **1292** As you know **1300** in a minute **1295** made from **1282** cut off **1287** went out **1291** Stay away from **1281** compared, with **1286** focus on **1289** put off

学習日　　　月　　　日

熟　語	1回目	2回目	意　味
1321 be related to ~	→		~に関係がある
1322 all the time	→		いつでも，その間ずっと
1323 for a while	→		しばらくの間
1324 by the end of ~	→		~の終わりまでには
1325 hold on	→		電話を切らないでおく， ちょっと待つ
1326 fill up ~	→		~を満たす， ~をいっぱいにする
1327 in other words	→		言い換えれば
1328 in turn	→		順番に
1329 point out ~	→		~を指摘する
1330 after all	→		結局（は）
1331 for long	→		長い間
1332 go wrong	→		（物事が）うまくいかない， （機械などが）故障する
1333 in line	→		一直線に，整列して
1334 in return (for ~)	→		（~の）お返しに
1335 take a look at ~	→		~を見る
1336 whether ... or not	→		…であろうとなかろうと
1337 be proud of ~	→		~を誇りに思う
1338 be sold out	→		売り切れている
1339 be full of ~	→		~でいっぱいである
1340 get in ~	→		（車など）に乗る

✖ **Unit 66の復習テスト** ｜ わからないときは前**Unit**で確認しましょう。

例 文	訳
1302 The hair salon is just (　　　) (　　　) the hospital.	その美容院は病院のちょうど真向かいにある。
1320 I remember my father's plans usually (　　　) (　　　) failure.	私は父の計画がたいてい失敗に終わったことを覚えている。
1303 (　　　) (　　　) (　　　), people lost interest in the scandal.	しばらくすると，人々はそのスキャンダルへの興味を失った。
1314 When you come back from your business trip, don't forget to (　　　) (　　　) some souvenirs.	出張から帰ってくるときにはおみやげを持ち帰るのを忘れないでね。
1308 She could not (　　　) very (　　　) last night because she was worried about her daughter.	彼女は娘のことが心配で昨晩あまりよく眠れなかった。
1311 She had to stay home last week because she was (　　　) (　　　) the flu.	彼女は先週インフルエンザにかかっていたので家にいなければならなかった。
1306 Whenever I (　　　) (　　　) (　　　) (　　　) (　　　), I go hiking in the nearby valley.	リラックスできる機会があるときにはいつでも，私は近くの谷にハイキングに行く。
1312 This work requires some knowledge of foreign languages, Spanish (　　　) (　　　).	この仕事には外国語，特にスペイン語の知識が必要だ。
1304 Who will take care of your cat while you (　　　) (　　　) on a trip?	あなたが旅行で留守にする間，誰があなたの猫の世話をするのですか。
1315 Dinosaurs are (　　　) (　　　) alive, but we can read about them in books.	恐竜はもはや生存していないが，それらについて本で読むことができる。
1319 It's getting dark. Would you (　　　) (　　　) the lights?	暗くなってきました。電気をつけてくれますか。
1317 Once you start smoking, it is difficult to (　　　) (　　　) (　　　) that bad habit.	いったん喫煙を始めると，その悪癖を取り除くのは難しい。
1310 Look at the girl (　　　) a plastic bottle (　　　) (　　　) her bag.	バッグからペットボトルを取り出している女の子を見てください。
1316 Our success (　　　) (　　　) whether you will help us or not.	私たちの成功は，あなたが私たちを援助してくれるかどうかにかかっている。
1305 The girl wanted to (　　　) (　　　) (　　　) the pool as quickly as possible.	その女の子はできるだけ急いでそのプールから出たかった。
1313 His new novel (　　　) (　　　) (　　　) his own experiences.	彼の今度の小説は彼自身の体験に基づいている。
1309 Since it is raining today, let's go hiking (　　　) (　　　) (　　　).	今日は雨が降っているので，ハイキングはまた別のときに行きましょう。
1301 She did the shopping for dinner (　　　) (　　　) (　　　) (　　　) from work.	彼女は仕事から家に帰る途中，夕食の買い物をした。
1307 Yesterday he (　　　) (　　　) an old friend of his on the way home from work.	昨日，彼は仕事から帰る途中，偶然旧友と出会った。
1318 I'm (　　　) (　　　) work now. See you tonight.	さあ僕は仕事に行くよ。また今夜ね。

熟語編

でる度 **B**
↓
1321
〜
1340

解答 1302 across from 1320 resulted in 1303 After a while 1314 bring back 1308 sleep, well 1311 suffering from 1306 have a chance to relax 1312 in particular 1304 are away 1315 no longer 1319 turn on 1317 get rid of 1310 taking, out of 1316 depends on 1305 get out of 1313 is based on 1309 some other time 1301 on her way home 1307 ran into 1318 leaving for

学習日　　　　　　　月　　　　日

熟　語	1回目	2回目	意　味
1341 get together	→		集まる
1342 by far	→		(最上級を強めて) 断然
1343 for sure	→		確かに
1344 let ～ down	→		～を失望させる, ～を下げる
1345 make up *one's* mind	→		決心する
1346 take after ～	→		～に似ている
1347 turn out to be ～	→		～であることがわかる
1348 with luck	→		運が良ければ
1349 be against ～	→		～に反対である
1350 check out	→		チェックアウトする
1351 (just) in case	→		万一に備えて
1352 in public	→		人前で, 公衆の面前で
1353 look through ～	→		～にざっと目を通す
1354 now that ...	→		今や…なので
1355 of *one's* own	→		自分自身の
1356 plenty of ～	→		たくさんの～
1357 take *one's* time	→		ゆっくりやる
1358 be sick in bed	→		病気で寝ている
1359 give *A* a ride	→		Aを車に乗せる
1360 how far ...	→		(距離・進行の度合いが) どのくらい…

例　文	訳
1331 They have not heard from their son (　　　　　) (　　　　　).	彼らは息子から**長い間**便りがない。
1329 I'd like to (　　　　) (　　　　　) some problems with your suggestion.	私はあなたの提案に関していくつか問題点**を指摘**したい。
1333 We were made to stand (　　　　) (　　　　　).	私たちは**1列に並ば**された。
1327 Flowers have some mysterious way of keeping time. They have, (　　　) (　　　) (　　　　　), a kind of "biological clock."	花は時間を計る不思議な方法を持っている。**言い換えると**，一種の「体内時計」を持っているのだ。
1337 We (　　　　) (　　　　) (　　　　) your achievements at school.	私たちはあなたの学校の成績を**誇りに思う**。
1322 Now I enjoy Japanese food (　　　) (　　　) (　　　).	今や私は**いつも**日本食を楽しんで食べている。
1339 The children (　　　) (　　　) (　　　) hopes and dreams.	子供たちは夢と希望で**いっぱいだった**。
1332 What should I do if something (　　　) (　　　) during your absence?	あなたがいないときに何かが**うまくいかない**場合は，どうしたらいいですか。
1338 I'm sorry, but shirts of this design in a medium size (　　　) all (　　　) (　　　).	申し訳ございませんが，このデザインのMサイズのシャツは，すべて**売り切れています**。
1325 The director is on another line now. Could you (　　　) (　　　), please?	部長は別の電話に出ております。**切らずにお待ち**いただけますか。
1340 (　　　) (　　　) the car now. We'll leave in a minute.	さあ車**に乗って**。すぐに出発するよ。
1328 You are supposed to introduce yourselves (　　　) (　　　).	あなたがたは**順番に**自己紹介をすることになっている。
1321 Some people think that humans (　　　) more closely (　　　) (　　　) orangutans than to chimpanzees.	人はチンパンジーよりもオランウータン**と近縁関係にある**と考える人もいる。
1326 Gas is running out, so let's (　　　) (　　　) the car at that gas station.	ガソリンがなくなってきているから，あのスタンドで車**を満タンに**しよう。
1334 I gave a bunch of roses to her (　　　) (　　　) (　　　) her hospitality.	私はもてなし**のお返しに**彼女にバラの花束を贈った。
1323 He just lost his dog. You should leave him alone (　　　) (　　　) (　　　).	彼は飼い犬を亡くしたばかりだ。**しばらく**1人にしておく方がよい。
1330 I tried to pass the driver's license test many times, but I failed (　　　) (　　　).	私は何度も運転免許の試験に合格しようと試みたが，**結局**，だめだった。
1335 Why don't you (　　　) (　　　) (　　　) (　　　) this map? It's very helpful.	この地図**を見てみて**はどうですか。とても役立ちますよ。
1324 (　　　) (　　　) (　　　) (　　　) her lecture, everyone realized the importance of the environment.	彼女の講義の**終わりまでには**，すべての人が環境の重要性を理解した。
1336 (　　　) you succeed (　　　) (　　　), trying your best is important.	成功**しようとしまいと**，全力を尽くすことが大切だ。

熟語編

でる度
B
↓
1341
〜
1360

【解答】 **1331** for long　**1329** point out　**1333** in line　**1327** in other words　**1337** are proud of　**1322** all the time　**1339** were full of　**1332** goes wrong　**1338** are, sold out　**1325** hold on　**1340** Get in　**1328** in turn　**1321** are, related to　**1326** fill up　**1334** in return for　**1323** for a while　**1330** after all　**1335** take a look at　**1324** By the end of　**1336** Whether, or not

学習日　　　月　　　日

熟　語	1回目	2回目	意　味
1361 come true	→		実現する
1362 at the end of ～	→		～の最後に
1363 It takes (*A*) ... to *do*	→		(*A*が)～するのに…かかる
1364 make a speech	→		演説をする
1365 something ... to *do*	→		何か～する…なもの
1366 show *A* around ～	→		Aに～を案内する
1367 against *one's* will	→		意志に反して
1368 appeal to ～	→		～の心に訴える, ～に訴える
1369 at (the) most	→		せいぜい, 最大でも
1370 at length	→		詳細に, (長い時間の末)ついに
1371 at the risk of ～	→		～の危険を冒して
1372 be capable of *doing*	→		～する能力がある, ～できる
1373 be free from ～	→		～から解放されている
1374 be grateful for ～	→		～のことを感謝している
1375 be independent of ～	→		～から独立している
1376 be jealous of ～	→		～をねたんでいる
1377 be out of order	→		故障している
1378 be out of the question	→		問題にならない, あり得ない
1379 be poor at ～	→		～が苦手である, ～が下手である
1380 be sick of ～	→		～にうんざりしている

例 文	訳
1357 We still have a lot of time left. (　　　　) (　　　　) (　　　　).	まだ時間はたくさん残っています。**ゆっくりやりなさい。**
1352 This is my first time singing this song (　　　　) (　　　　).	私がこの歌を**人前で**歌うのはこれが初めてだ。
1348 Hawaii is famous for its beautiful scenery. (　　　　) (　　　　), you may see a rainbow.	ハワイは美しい風景で有名である。**運が良ければ**虹が見られるかもしれない。
1343 He will help you (　　　　) (　　　　) whenever you are in trouble.	あなたが困っているときはいつでも，彼は**必ず**助けてくれるだろう。
1356 We should drink (　　　　) (　　　　) water on a hot day.	私たちは暑い日には**たくさんの**水を飲むべきだ。
1344 Don't (　　　　) me (　　　　). I'm sure you can do it!	**がっかりさせ**ないでくれよ。君なら絶対できるよ！
1360 Excuse me, may I ask (　　　　) (　　　　) it is from here to the nearest station?	すみませんが，ここから最寄りの駅まで**どのくらい**あるか聞いてもいいですか。
1351 I'll let you know my phone number (　　　　) (　　　　) (　　　　).	**万一に備えて**，君に僕の電話番号を教えておきます。
1342 Soccer is (　　　　) (　　　　) the most popular sport in the world.	サッカーは世界中で**断然**一番人気のあるスポーツだ。
1346 My mother has big blue eyes and I seem to (　　　　) (　　　　) her.	私の母は大きな青い目をしていて，私は母**に似ている**ようだ。
1350 In this hotel you have to (　　　　) (　　　　) by ten o'clock.	このホテルでは10時までに**チェックアウトし**なければならない。
1355 When I was 15, I got a room (　　　　) (　　　　) (　　　　).	15歳のとき，私は**自分の**部屋を持った。
1349 I don't know whether he (　　　　) for or (　　　　) gun control.	彼が銃規制に賛成であるか，**反対である**かわからない。
1347 What the lawyer had told me finally (　　　　) (　　　　) (　　　　) (　　　　) false.	弁護士が私に言ったことは，結局うそで**あることがわかった**。
1354 (　　　　) (　　　　) we are all here, we can start the farewell party.	みんながそろった**ので**，送別会を始められる。
1358 Yesterday I (　　　　) (　　　　) (　　　　) (　　　　) with a bad cold all day, but now I'm feeling better.	私は昨日ひどい風邪で一日中**寝込んでい**たが，今は良くなってきている。
1345 He (　　　　) (　　　　) (　　　　) (　　　　) to study philosophy at college.	彼は大学で哲学を勉強することに**決めた**。
1353 Could you (　　　　) (　　　　) my essay and check for mistakes?	私のレポート**に目を通して**誤りを確認していただけますか。
1341 Why don't we (　　　　) (　　　　) and talk about our project?	**集まって**私たちのプロジェクトについて話しませんか。
1369 Would you (　　　　) me (　　　　) (　　　　) to the airport?	空港まで**車で送って**くれますか。

熟語編

でる度 **B**

↓

1361
〜
1380

学習日　　　　　　月　　　日

熟　語	1回目	2回目	意　味
1381 be sure of ～	→		～を確信している
1382 break up ～	→		～をばらばらにする
1383 bring up ～	→		～を育てる
1384 by heart	→		暗記して
1385 care about ～	→		～を心配する, ～に関心を持つ
1386 do without ～	→		～なしで済ます
1387 feel at home	→		くつろぐ, 気が休まる
1388 feel sorry for ～	→		～を気の毒に思う, ～の ことですまないと思う
1389 for a change	→		気分転換に, 目先を変えて
1390 get away from ～	→		～から離れる
1391 head for ～	→		～へ向かう
1392 in a sense	→		ある意味では
1393 in contrast	→		それとは対照的に
1394 in shape	→		体調が良くて
1395 keep an eye on ～	→		～から目を離さない
1396 keep *one's* promise	→		約束を守る
1397 look up to ～	→		～を尊敬する
1398 lose control	→		自制を失う
1399 lose *one's* balance	→		バランスを崩す
1400 make *oneself* at home	→		くつろぐ

例　文	訳
1362 In the basketball tournament yesterday, he scored three points (　　　　) (　　　　) (　　　　) (　　　　　) the game.	昨日のバスケットボールの大会で，彼は試合**の最後に**3点いれた。
1373 I am so happy to (　　　　) (　　　　) (　　　　) my troubles and worries.	私は問題や心配事**から解放されて**本当にうれしい。
1379 I'm really (　　　　) (　　　　) singing, so I don't like to sing in the music class.	私は本当に歌が**苦手なので**，音楽の授業で歌うのは好きではない。
1375 It is about time you (　　　　) (　　　　) (　　　　) your parents.	そろそろ君は親**から独立する**ときだ。
1368 He sang a beautiful song and it (　　　　) (　　　　) a lot of people there.	彼は美しい歌を歌い，それはその場にいた多くの人々**の心に訴えた**。
1374 I (　　　　) (　　　　) (　　　　) your kindness.	あなたのご親切に**感謝いたします**。
1366 Attention, students. I'll (　　　　) you (　　　　) the museum now.	生徒の皆さん，お聞きください。これから皆さん**に博物館をご案内します**。
1378 When she asked her father for permission to work part-time, he said it (　　　) (　　　) (　　　) (　　　) (　　　).	彼女が父親にアルバイトをする許可を求めたとき，父親はそれは**問題外**だと言った。
1365 It's freezing outside. Would you like (　　　) (　　　) (　　　) (　　　)?	外は凍えるように寒いね。**何か温かい飲み物**はどうですか。
1372 This robot is said to (　　　) (　　　) (　　　) (　　　) ten messages at a time.	このロボットは一度に10のメッセージ**を理解できる**と言われている。
1369 If you buy the computer from that store, it will cost $500 (　　　) (　　　).	そのコンピュータはあの店で買えば，**せいぜい**500ドルだろう。
1376 She (　　　) probably (　　　) (　　　) you because you passed the test.	君がテストに合格したからおそらく彼女は君に**嫉妬しているんだよ**。
1371 I promise to protect you (　　　) (　　　) (　　　) (　　　) my life.	私の命**の危険を冒しても**あなたを守ることを約束します。
1370 My grandfather started to talk about his war experiences (　　　) (　　　).	祖父は自分の戦争体験について**詳細に**話し始めた。
1367 She was told to take care of her little sister, so she had to stay home (　　　) (　　　) (　　　).	彼女は幼い妹の面倒を見るように言われたので，**意志に反して**家にいなければならなかった。
1361 I hope my dreams (　　　) (　　　) someday.	私の夢がいつか**実現し**たらよいと思う。
1364 It is not easy to (　　　) (　　　) (　　　) in front of many people.	大勢の前で**演説をする**のは簡単ではない。
1380 I'm (　　　) (　　　) answering the same question over and over again.	同じ質問に何度も答えるのに**うんざりだよ**。
1363 (　　　) (　　　) me about 20 minutes (　　　) (　　　) there by bike.	私が自転車でそこまで**行くのに**20分ほど**かかった**。
1377 Please use the stairs because the elevator (　　　) (　　　) (　　　) (　　　).	エレベーターが**故障中**ですので階段をご利用ください。

解答 **1362** at the end of　**1373** be free from　**1379** poor at　**1375** were independent of　**1368** appealed to　**1374** am grateful for　**1366** show, around
1378 was out of the question　**1365** something hot to drink　**1372** be capable of understanding　**1369** at most　**1376** is, jealous of　**1371** at the risk of
1370 at length　**1367** against her will　**1361** come true　**1364** make a speech　**1380** sick of　**1363** It took, to get　**1377** is out of order

学習日　　　　　　　月　　　日

熟　語	🎧 1回目	👁 2回目	意　味
1401 make sense	→		意味が通じる
1402 none of *one's* business	→		～の知ったことではない
1403 do nothing but *do*	→		～してばかりいる, ただ～するだけだ
1404 on demand	→		要求 [請求] があり次第
1405 out of date	→		時代遅れの [で]
1406 participate in ～	→		～に参加する
1407 pass by ～	→		～のそばを通る
1408 reach out for ～	→		～を取ろうと手をのばす
1409 separate *A* from *B*	→		AをBから分離する
1410 speak up	→		もっと大きな声で話す, はっきり言う
1411 stand by ～	→		～を支援する
1412 stand out	→		目立つ
1413 succeed in ～	→		～に成功する
1414 take a bite	→		一口食べる
1415 The point is (that)...	→		重要な点は…である
1416 to the point	→		的を射た, 適切な
1417 with care	→		気をつけて
1418 without fail	→		必ず, 間違いなく
1419 another ～ minutes	→		もう～分
1420 as if ...	→		まるで…のように

例 文	訳
1384 In this assignment, you are all supposed to learn this poem (　　　　　) (　　　　　).	この課題では，皆さんは全員この詩を<u>暗記し</u>なければなりません。
1389 Let's have coffee (　　　　) (　　　　) (　　　　).	<u>気分転換に</u>コーヒーを飲みましょう。
1382 My father (　　　　) (　　　　) his old desk and made a new chair for me.	父は自分の古い机<u>をばらばらにして</u>，私のために新しいいすを作ってくれた。
1399 While he was riding a unicycle, he (　　　　) (　　　　) (　　　　) and fell down.	彼は一輪車に乗っていたとき，<u>バランスを崩して</u>転んだ。
1387 I (　　　　) (　　　　) (　　　　) when I listen to music over a cup of coffee.	1杯のコーヒーを飲みながら音楽を聞くとき，私は<u>ほっとする</u>。
1398 The man stopped drinking before he (　　　　) (　　　　) completely.	その男は完全に<u>自制を失う</u>前に酒を飲むのをやめた。
1392 What you said is right (　　　　) (　　　　) (　　　　), but it made him angry.	あなたの言ったことは<u>ある意味では</u>正しいが，そのことで彼を怒らせてしまった。
1381 All of us (　　　　) (　　　　) (　　　　) your success.	私たちはみんな，あなたの成功<u>を確信していた</u>。
1395 I (　　　　) (　　　　) (　　　　) (　　　　) my sister's baby while she went to the restroom.	私は姉[妹]が化粧室に行っている間，彼女の赤ちゃん<u>から目を離さ</u>ないでいた。
1383 She was born and (　　　　) (　　　　) in Boston.	彼女はボストンで生まれ<u>育った</u>。
1394 Now he is (　　　　) great (　　　　) and feels he can try new things.	今彼はとても<u>体調が良くて</u>，新しいことに挑戦できると感じている。
1400 Sit back on the sofa and (　　　　) (　　　　) (　　　　) (　　　　).	ソファにゆったりと座って<u>くつろいでく</u>ださいね。
1393 I like to go out. (　　　　) (　　　　), my sister likes to stay home.	私は外出するのが好きだ。<u>それとは対照的に</u>姉[妹]は家にいるのが好きだ。
1390 Sometimes people need to (　　　　) (　　　　) (　　　　) work and relax.	時々仕事<u>から離れ</u>てリラックスすることも必要だ。
1397 Everyone (　　　　) (　　　　) (　　　　) Mr. Brown as a leader.	誰もがブラウン氏を指導者として<u>尊敬している</u>。
1391 We have to (　　　　) (　　　　) the airport just after the meeting ends.	私たちは会議が終わったらすぐ，空港に<u>向かわ</u>なければならない。
1386 I hear some students can't (　　　　) (　　　　) a smartphone.	スマートフォン<u>なしではいられ</u>ない生徒もいるそうだ。
1396 No matter what may happen, I will (　　　　) (　　　　) (　　　　).	どんなことが起きようとも，私は<u>約束を守る</u>つもりだ。
1385 More and more people in the world (　　　　) (　　　　) global warming.	世界のますます多くの人々が地球温暖化<u>を心配している</u>。
1388 The movie star (　　　　) really (　　　　) (　　　　) hungry children in Africa.	その映画スターはアフリカの空腹な子供たちを<u>本当にかわいそうだと思った</u>。

解答 **1384** by heart　**1389** for a change　**1382** broke up　**1399** lost his balance　**1387** feel at home　**1398** lost control　**1392** in a sense
1381 were sure of　**1395** kept an eye on　**1383** brought up　**1394** in, shape　**1400** make yourself at home　**1393** In contrast　**1390** get away from
1397 looks up to　**1391** head for　**1386** do without　**1396** keep my promise　**1385** care about　**1388** felt, sorry for

学習日　　　　　　月　　　日

熟　語	1回目	2回目	意　味
1421 be busy with ～	→		～で忙しい
1422 be ready to *do*	→		～する準備ができている
1423 be tired from ～	→		～で疲れている
1424 dress up	→		正装 [盛装] する
1425 eat out	→		外食する
1426 either *A* or *B*	→		AかBのどちらか
1427 for a minute	→		ちょっとの間
1428 go on a tour	→		旅行に行く
1429 go out of business	→		破産する，廃業する
1430 have a sore throat	→		のどが痛む
1431 make an appointment with *A*	→		Aと会う約束をする， Aの予約をする
1432 make sense of ～	→		～の意味を理解する
1433 no more than ～	→		～しか，～にすぎない
1434 on *one's* own	→		自身の力で，1人で
1435 over and over (again)	→		何度も，繰り返して
1436 put away ～	→		～を片付ける
1437 see *A* off	→		Aを見送る
1438 stay in bed	→		寝ている
1439 take a seat	→		座る
1440 try *one's* best	→		全力を尽くす

例 文	訳
1418 You must hand in your homework by Thursday (　　　　　) (　　　　　).	あなたは木曜日までに**必ず**宿題を提出しなければならない。
1411 I hope you (　　　　　) (　　　　　) me if I get in trouble.	もし私が困ったことになったら，あなたが**支援して**くれることを望みます。
1406 There is a meeting for students who want to (　　　　　) (　　　　　) the school festival.	学園祭に**参加**したいと思っている生徒向けの会議がある。
1410 Professor, I'm afraid I can't hear you well, so could you (　　　　　) (　　　　　) a little?	先生，よく聞こえませんので，もう少し**大きな声で話して**いただけますか。
1416 Your opinion against the plan is (　　　　　) (　　　　　) (　　　　　).	その計画に反対するあなたの意見は**的を射て**いる。
1404 We usually produce our products (　　　　　) (　　　　　) from customers.	私たちは通常，顧客からの**要求があり次第**，製品を生産しています。
1407 When I (　　　　　) (　　　　　) the restaurant, I noticed that it would be closing at the end of the month.	そのレストラン**のそばを通った**とき，月末に閉店することに気づいた。
1420 My roommate is American, but he speaks Japanese (　　　　　) (　　　　　) it were his mother tongue.	私のルームメートはアメリカ人であるが，**まるで**母語である**かのように**日本語を話す。
1409 I'll show you how to (　　　　　) the egg white (　　　　　) the yolk.	卵黄**から**卵白を**分離する**方法をあなたにお見せしましょう。
1405 Mr. West was upset because he was told that his ideas were (　　　　　) (　　　　　) (　　　　　).	ウエストさんは，彼の考えは**時代遅れ**だと言われて動揺した。
1413 My son finally (　　　　　) (　　　　　) climbing to the top of the highest mountain in Canada.	私の息子は，とうとうカナダで一番高い山に登頂すること**に成功した**。
1403 The salesclerk (　　　　　) (　　　　　) (　　　　　) (　　　　　) about her job.	その店員は自分の仕事にただ**不満を言う**だけだった。
1419 It will take me (　　　　　) 20 (　　　　　) to finish my homework.	私が宿題を終えるのに**もう**20**分**かかるだろう。
1412 I think she (　　　　　) (　　　　　) among the painters of her time.	私は，彼女は同時代の画家の中でも**傑出している**と思う。
1408 The little boy (　　　　　) (　　　　　) (　　　　　) the toy on the shelf.	その小さな男の子は棚の上のおもちゃ**を取ろうと手をのばした**。
1417 You should write "HANDLE (　　　　　) (　　　　　)" on the parcel that contains teacups.	ティーカップの入った小包には，「**取扱注意**」と書いた方がよい。
1414 I'm not so hungry yet, but can I (　　　　　) (　　　　　) (　　　　　) of your sandwich?	まだあまりお腹が空いていないけれど，君のサンドイッチを**一口食べ**てもいい？
1402 I won't need any advice from you. That's (　　　　　) (　　　　　) (　　　　　) (　　　　　).	あなたからの忠告は必要ありません。それはあなた**には関係ない**ことです。
1415 (　　　　　) (　　　　　) (　　　　　) (　　　　　) we should think more about the environment.	**重要な点**は，私たちがもっと自然環境について考えるべきである**ということである**。
1401 Explain it to me once more. What you've said doesn't (　　　　　) (　　　　　).	私にもう一度それを説明してください。あなたの言ったことは**つじつまが合って**いません。

熟語編

でる度
B
↓
1421
～
1440

解答 1418 without fail　1411 stand by　1406 participate in　1410 speak up　1416 to the point　1404 on demand　1407 passed by　1420 as if　1409 separate, from　1405 out of date　1413 succeeded in　1403 did nothing but complain　1419 another, minutes　1412 stands out 1408 reached out for　1417 WITH CARE　1414 take a bite　1402 none of your business　1415 The point is that　1401 make sense

学習日　　　　　月　　　日

熟 語	1回目	2回目	意 味
1441 when to *do*	→		いつ～すべきか
1442 lead to ～	→		～につながる，～に通じる
1443 provide *A* with *B*	→		AにBを供給する
1444 hand in ～	→		～を提出する
1445 be aware of ～	→		～に気づいている
1446 carry out ～	→		～を実行する
1447 as a result of ～	→		～の結果として
1448 as long as ...	→		…する限り
1449 be involved in ～	→		～に巻き込まれる，～に関与する
1450 break down	→		故障する
1451 in conclusion	→		結論として，最後に
1452 in the beginning of ～	→		～の初めに
1453 on business	→		仕事で
1454 all the way	→		はるばる
1455 run out of ～	→		～がなくなる
1456 be injured	→		けがをする
1457 by accident	→		偶然に
1458 come across ～	→		～をふと見つける，～に偶然出会う
1459 in charge of ～	→		～を担当[管理]して
1460 make an effort	→		努力する

例　文	訳
1439 Welcome. Please (　　　　) (　　　　) (　　　　) over there and have some tea.	ようこそ。あちらに座ってお茶をどうぞ。
1430 I (　　　) (　　　) (　　　) (　　　) and a slight headache.	のどが痛くて，少し頭痛がする。
1431 I (　　　) (　　　) (　　　) (　　　) the dentist at 1:30.	私は1時半に歯医者の予約を取った。
1426 You can (　　　) go to soccer camp (　　　) take painting lessons this summer.	今年の夏，あなたはサッカーのキャンプに行くか，絵画のレッスンを受けるか，どちらかをすることができる。
1433 I can pay (　　　) (　　　) (　　　) $50 a week for rent.	私は家賃として週に50ドルしか払えない。
1435 The woman kept telling me the same story (　　　) (　　　) (　　　) (　　　).	その女性は私に何度も同じ話をし続けた。
1421 She has (　　　) (　　　) (　　　) her schoolwork and club activities these days.	最近，彼女は学業や部活動で忙しい。
1425 I usually make dinner for myself at home, but once in a while I like to (　　　) (　　　) at a restaurant.	私はたいてい家で自分で夕食を作るが，たまにはレストランで外食するのも好きだ。
1429 If you don't carry out this program, your company will (　　　) (　　　) (　　　) (　　　) soon.	この計画を実行しなければ，あなたの会社はすぐに倒産してしまいますよ。
1440 I'll (　　　) (　　　) (　　　) on the final exams.	期末試験で全力を尽くします。
1427 Excuse me, please be quiet (　　　) (　　　) (　　　).	すみませんが，ちょっとの間静かにしてください。
1436 Will you (　　　) (　　　) the dishes in the cupboard?	皿を戸棚へしまってくれますか。
1428 The old couple likes (　　　) (　　　) group (　　　).	その老夫婦は団体旅行に行くのが好きだ。
1434 I can't carry this bag (　　　) (　　　) (　　　). It's too heavy.	私はこの袋を自力では持ち運べない。重すぎる。
1424 You don't have to (　　　) (　　　) for this party. Jeans and a T-shirt would be fine.	このパーティーには正装する必要はありません。ジーンズとTシャツで大丈夫でしょう。
1438 Since you are sick, you must (　　　) (　　　) (　　　) all day today.	あなたは病気なのだから，今日は一日中寝ていなさい。
1432 The man could not (　　　) any (　　　) (　　　) the manual for his new smartphone.	その男性は新しいスマートフォンのマニュアルを全く理解できなかった。
1423 If you (　　　) (　　　) (　　　) yesterday's flight, I can cancel all the plans today.	もしあなたが昨日の空の旅で疲れているなら，今日の計画はすべてキャンセルするよ。
1437 When my sister leaves Japan, I'm going to (　　　) her (　　　) at the airport.	姉[妹]が日本を離れるとき，私は空港で彼女を見送るつもりだ。
1422 (　　　) you (　　　) (　　　) (　　　), ma'am?	お客さま，ご注文はお決まりですか。

解答 1439 take a seat　1430 have a sore throat　1431 made an appointment with　1426 either, or　1433 no more than　1435 over and over again　1421 been busy with　1425 eat out　1429 go out of business　1440 try my best　1427 for a minute　1436 put away　1428 going on, tours　1434 on my own　1424 dress up　1438 stay in bed　1432 make, sense of　1423 are tired from　1437 see, off　1422 Are, ready to order

熟語編

でる度 **B**

1441
〜
1460

学習日　　　　　　月　　　日

熟　語	1回目	2回目	意　味
1461 pay attention to ～	→		～に注意する
1462 rely on ～	→		～を頼る，～を信頼する
1463 be tired of ～	→		～に飽きる
1464 change *one's* mind	→		考えを変える， 気が変わる
1465 a bunch of ～	→		一束の～，一房の～
1466 ahead of ～	→		～に先立って，～の前に
1467 be expected to *do*	→		～するよう期待されている， ～するものだとされる
1468 be impressed with ～	→		～に感銘を受ける
1469 be in danger	→		危険にさらされている
1470 be said to be ～	→		～であると言われている
1471 be satisfied with ～	→		～に満足している
1472 be unable to *do*	→		～することができない
1473 catch up with ～	→		～に追いつく
1474 from now on	→		今後ずっと
1475 get along with ～	→		～とうまくやっていく
1476 get over ～	→		(困難・病気など)を克服する
1477 go through ～	→		(苦難など)を経験する
1478 had better *do*	→		～した方がよい
1479 hope for ～	→		～を願う
1480 in advance	→		あらかじめ

例　文	訳
1441 The family talked about (　　　　) (　　　　) (　　　　) to their new house.	その家族は<u>いつ</u>新居に<u>引っ越すか</u>話し合った。
1457 The boys found the wall paintings in the cave (　　　　) (　　　　).	少年たちは<u>偶然に</u>洞窟でその壁画を発見した。
1443 Something went wrong with the power plant that (　　　　) New York (　　　　) electricity.	ニューヨークに電気<u>を供給している</u>発電所が故障した。
1450 My car (　　　　) (　　　　) this morning and will not be repaired until Friday.	今朝，私の車は<u>故障して</u>，金曜日まで直らない。
1444 You must (　　　　) (　　　　) your tax form by the end of this month.	あなたは今月末までに納税申告書<u>を提出し</u>なければならない。
1453 I'm sorry, but the manager is away (　　　　) (　　　　).	あいにく支配人は<u>仕事で</u>出かけています。
1448 Any book will do (　　　　) (　　　　) (　　　　) it is interesting.	<u>面白ければ</u>，どんな本でもよい。
1454 The artist came (　　　　) (　　　　) (　　　　) from Paris. It was a really long trip.	その画家はパリからは<u>るばる</u>やってきた。本当に長旅だった。
1449 He (　　　　) (　　　　) (　　　　) the car accident and was badly injured.	彼はその自動車事故<u>に巻き込まれ</u>，ひどくけがをした。
1458 I (　　　　) (　　　　) my old diary when I was cleaning my room yesterday.	私は昨日自分の部屋を掃除していたとき，昔の日記<u>をふと見つけた</u>。
1446 Everybody respects the captain because he (　　　　) (　　　　) all his responsibilities.	キャプテンは自分の責務をすべて<u>実行する</u>ので，誰もが彼を尊敬している。
1455 We are (　　　　) (　　　　) (　　　　) gas. Let's stop by the gas station there.	ガソリン<u>がなくなり</u>そうだ。そこのガソリンスタンドに立ち寄ろう。
1442 Drinking too much coffee may (　　　　) (　　　　) a headache or something like that.	コーヒーの飲みすぎが，頭痛などに<u>つながる</u>こともあり得る。
1447 (　　　　) (　　　　) (　　　　) (　　　　) new developments in communication technology, the cost of calls will be reduced.	通信技術の新たな発達<u>の結果として</u>，通話料が引き下げられるだろう。
1451 (　　　　) (　　　　), I would like to say it is impossible to carry out this plan.	<u>結論として</u>，この計画を実行するのは不可能であると私は言いたい。
1456 Quite a few passengers (　　　　) (　　　　) in the accident.	かなり多くの乗客がその事故で<u>けがをした</u>。
1445 A lot of people (　　　　) (　　　　) (　　　　) the need for recycling.	多くの人々がリサイクルの必要性<u>に気づいている</u>。
1459 The lady talking at the gate is (　　　　) (　　　　) (　　　　) our class.	門のところで話している女性が私たちのクラス<u>の担任</u>だ。
1452 (　　　　) (　　　　) (　　　　) (　　　　) the 19th century, the crops in this area suffered serious damage from cold weather.	19世紀<u>初めに</u>，この地域の作物は冷害による深刻な被害を受けた。
1460 All participants (　　　　) great (　　　　) in the Olympics.	オリンピックでは出場者全員が懸命に<u>努力した</u>。

熟語編

でる度
B
↓
1461
〜
1480

解答 1441 when to move　**1457** by accident　**1443** provided, with　**1450** broke down　**1444** hand in　**1453** on business　**1448** as long as
1454 all the way　**1449** was involved in　**1458** came across　**1446** carries out　**1455** running out of　**1442** lead to　**1447** As a result of　**1451** In
conclusion　**1456** were injured　**1445** are aware of　**1459** in charge of　**1452** In the beginning of　**1460** made, efforts

学習日　　　　　　　月　　　日

熟　語	1回目	2回目	意　味
1481 in reality	→		（外見などに反して）実際は
1482 in spite of ～	→		～にもかかわらず
1483 in the long run	→		長い目で見れば，結局は
1484 lead *A* to *B*	→		AをBに至らせる， AをBに導く
1485 leave ～ behind	→		～を置いていく
1486 look out	→		用心する
1487 make a difference	→		違いをもたらす， 重要である
1488 make up for ～	→		～の埋め合わせをする
1489 mean to *do*	→		～するつもりである
1490 on board ～	→		～に乗って
1491 play an important role in ～	→		～で重要な役割を果たす
1492 stand for ～	→		（略語などが）～を意味する
1493 start with ～	→		～で始まる
1494 take *A* back to *B*	→		AをBに返品する
1495 to *one's* surprise	→		驚いたことに
1496 watch out for ～	→		～に用心する
1497 stay up late	→		夜更かしをする
1498 as usual	→		いつものように
1499 cheer *A* up	→		Aを元気づける
1500 name *A* after *B*	→		BにちなんでAを名づける

例 文	訳
1467 In the U.S., students (　　　　　) (　　　　　) (　　　　　) (　　　　　) an active part in lessons.	アメリカでは，学生は授業に積極的に<u>参加することを期待される</u>。
1462 We (　　　　　) (　　　　　) our leader because he always makes correct decisions.	私たちのリーダーはいつも正しい決断をするので，私たちは彼<u>を頼っている</u>。
1474 (　　　　　) (　　　　　) (　　　　　), you mustn't use this computer without my permission.	<u>今後</u>，あなたはこのコンピュータを私の許可なしに使ってはいけない。
1477 I (　　　　　) (　　　　　) a lot of difficulties when I was young.	私は若いころ，たくさんの苦労<u>を経験した</u>。
1479 We sincerely (　　　　　) (　　　　　) his safe return.	私たちは彼の無事の帰還を心から<u>願っている</u>。
1461 First of all, you should (　　　　　) (　　　　　) (　　　　　) the speed limit.	何よりもまず，あなたは制限速度に<u>注意すべきだ</u>。
1478 She is upset, so we (　　　　　) (　　　　　) (　　　　　) her alone now.	彼女は動揺しているから，今は1人に<u>しておいた方がよい</u>。
1472 The patient will (　　　　　) (　　　　　) (　　　　　) (　　　　　) tennis over the next few weeks.	その患者はこれから2，3週間はテニス<u>をすることができない</u>だろう。
1466 My older brother graduated from college two years (　　　　　) (　　　　　) me.	兄は私<u>より</u>2年<u>先に</u>大学を卒業した。
1476 How did the company (　　　　　) (　　　　　) its financial difficulties?	どのようにしてその会社は財政難<u>を乗り越えた</u>のか。
1463 I'm (　　　　　) (　　　　　) studying. Let's have a break.	勉強は<u>飽きたな</u>。ちょっと休もう。
1475 Many people say he is very easy to (　　　　　) (　　　　　) (　　　　　) because he is friendly.	彼はとても友好的なので，彼<u>とうまくやっていく</u>のはとても容易だと多くの人が言っている。
1465 I would prefer (　　　　　) (　　　　　) (　　　　　) bananas to (　　　　　) (　　　　　) (　　　　　) flowers.	私は花<u>束</u>よりも<u>一房の</u>バナナの方がいい。
1469 The soldiers (　　　　　) always (　　　　　) (　　　　　) of losing their lives.	その兵士たちは常に命を落とす<u>危険にさらされていた</u>。
1480 I think you had better pay for the ticket (　　　　　) (　　　　　).	あらかじめ切符の代金を支払っておく方がよいと思う。
1473 Grace missed two weeks of school, so she has to work hard to (　　　　　) (　　　　　) (　　　　　) her class.	グレースは学校を2週間休んだので，クラスに<u>追いつく</u>ために一生懸命勉強しなければならない。
1464 He (　　　　　) (　　　　　) (　　　　　) after hearing various opinions from other people.	他の人からいろいろな意見を聞いて，彼は<u>考えを変えた</u>。
1470 Eating various kinds of foods (　　　　　) (　　　　　) (　　　　　) (　　　　　) good for your health.	さまざまな種類の食物を食べることは健康に良い<u>と言われている</u>。
1468 Whenever I visited the island, I (　　　　　) (　　　　　) (　　　　　) the beauty of its nature.	その島を訪れるたびに，私はその自然の美しさ<u>に感銘を受けた</u>。
1471 We (　　　　　) (　　　　　) (　　　　　) the efforts of the hospital staff.	私たちは病院職員の努力<u>に満足していた</u>。

熟語編

でる度
B
↓
1481
〜
1500

解答 1467 are expected to take　1462 rely on　1474 From now on　1477 went through　1479 hope for　1461 pay attention to　1478 had better leave　1472 be unable to play　1466 ahead of　1476 get over　1463 tired of　1475 get along with　1465 a bunch of, a bunch of　1469 were, in danger　1480 in advance　1473 catch up with　1464 changed his mind　1470 is said to be　1468 was impressed with　1471 were satisfied with

例 文	訳
1484 I was ( ) ( ) the conclusion that we had made a fatal mistake.	私は，私たちが致命的な誤りを犯したという結論に<u>至</u>った。
1486 ( ) ( )! There's a truck coming!	<u>気をつけて</u>！ トラックが来るぞ！
1498 The student found it impossible to ask her for a favor ( ) ( ).	その生徒は，彼女に<u>いつものように</u>お願いすることはできないのだとわかった。
1485 A lot of American military jeeps were ( ) ( ) in the Philippines.	たくさんのアメリカ軍のジープがフィリピンに<u>置き去りにされた</u>。
1495 ( ) ( ) ( ), she was walking with bare feet.	<u>驚いたことに</u>，彼女は裸足で歩いていた。
1500 I was ( ) ( ) my grandfather.	私は祖父に<u>ちなんで名づけ</u>られた。
1488 What can we do to ( ) ( ) ( ) power shortages?	電力不足<u>を補う</u>ために何ができるだろうか。
1494 This shirt is too big for you. I'll ( ) it ( ) ( ) the store.	このシャツはあなたには大きすぎるね。お店に<u>返品する</u>よ。
1483 We can say his plan was a success ( ) ( ) ( ) ( ).	彼の計画は<u>長い目で見れば</u>成功したと言える。
1496 You have to ( ) ( ) ( ) heavy rain during this time of the year.	1年のうちの今ごろの時期は大雨に<u>注意</u>しなければならない。
1487 I don't think it ( ) ( ) ( ) which swimming club I join.	私がどの水泳クラブに入ろうと，<u>違いがある</u>とは思わない。
1493 As usual, the meeting ( ) ( ) the principal's speech.	いつも通り，その会議は校長の話<u>で始ま</u>った。
1482 ( ) ( ) ( ) all our efforts, the conference ended in failure.	私たちのあらゆる努力に<u>もかかわらず</u>，その会議は失敗に終わった。
1489 I'm sorry. I didn't ( ) ( ) ( ) you.	ごめんなさい。あなた<u>を傷つけるつもりはありません</u>でした。
1492 UN ( ) ( ) the United Nations.	UNは国際連合<u>を表す</u>。
1497 I ( ) ( ) ( ) preparing for the examinations.	私は試験勉強をして<u>夜更かしをした</u>。
1491 He will ( ) ( ) ( ) ( ) ( ) the next school festival.	彼は今度の学園祭<u>で重要な役割を果たす</u>だろう。
1499 One glance at her son's face ( ) her ( ) again.	息子の顔を一目見ると，彼女は再び<u>元気になった</u>。
1490 After I got ( ) ( ) the train, I found I had left my wallet behind at home.	電車に<u>乗った</u>後で，私は財布を家に置き忘れてきたことに気づいた。
1481 Max is brave in appearance but ( ) ( ) a coward.	マックスは見たところ勇敢そうだが，<u>実際は</u>臆病者だ。

解答 1484 led to **1486** Look out **1498** as usual **1485** left behind **1495** To my surprise **1500** named after **1488** make up for **1494** take, back to **1483** in the long run **1496** watch out for **1487** makes a difference **1493** started with **1482** In spite of **1489** mean to hurt **1492** stands for **1497** stayed up late **1491** play an important role in **1499** cheered, up **1490** on board **1481** in reality

ワードリストの使い方

復習テストでわからなかった単語や熟語を書き込んで，
自分だけの単語帳を作ってみましょう！

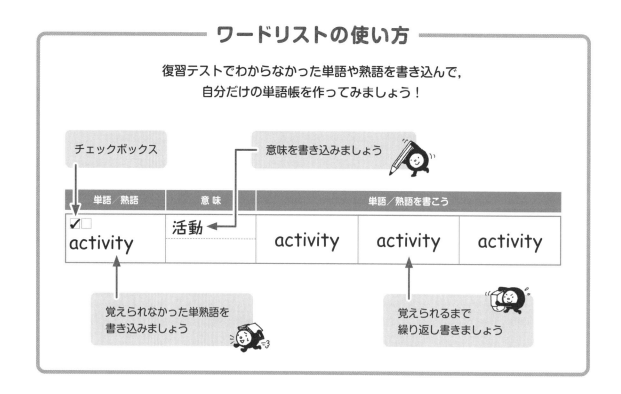

チェックボックス

意味を書き込みましょう

	単語／熟語	意 味	単語／熟語を書こう		
✓□	activity	活動	activity	activity	activity

覚えられなかった単熟語を
書き込みましょう

覚えられるまで
繰り返し書きましょう

	単語／熟語	意 味	単語／熟語を書こう		
□□					
□□					
□□					
□□					
□□					
□□					
□□					
□□					

単語／熟語	意 味	単語／熟語を書こう		
☐☐				
☐☐				
☐☐				
☐☐				
☐☐				
☐☐				
☐☐				
☐☐				
☐☐				
☐☐				
☐☐				
☐☐				
☐☐				
☐☐				
☐☐				

単語／熟語	意 味	単語／熟語を書こう		
☐☐				
☐☐				
☐☐				
☐☐				
☐☐				
☐☐				
☐☐				
☐☐				
☐☐				
☐☐				
☐☐				
☐☐				
☐☐				
☐☐				
☐☐				

単語／熟語	意 味	単語／熟語を書こう		
☐☐				
☐☐				
☐☐				
☐☐				
☐☐				
☐☐				
☐☐				
☐☐				
☐☐				
☐☐				
☐☐				
☐☐				
☐☐				
☐☐				
☐☐				

単語／熟語	意 味	単語／熟語を書こう		
□□				
□□				
□□				
□□				
□□				
□□				
□□				
□□				
□□				
□□				
□□				
□□				
□□				
□□				
□□				

単語編

A

ability	0651
abroad	0193
absent	0789
accept	0604
access	0721
accident	0279
achieve	1005
act	0730
active	0485
activity	0071
actor	0280
actually	0094
add	0113
additional	0594
address	0251
admit	1013
adult	0642
advanced	0593
advantage	0648
adventure	0660
advertise	0802
advice	0434
advise	0608
afraid	0182
afterward	0598
against	0400
agency	1021
agree	0323
ahead	0695
airline	0649
aisle	0652
alike	0885
alive	0686
allow	0109
almost	0395
alone	0297
although	0198
amazing	0680
amount	0431
amusement	0444
ancestor	1058
ancient	0579
angle	0871
anniversary	0661
announce	0223
announcement	0432
another	0080
ant	0366
anymore	0394
anytime	0496
anyway	0099
anywhere	0798
apart	0899
apartment	0156
apologize	0809
appear	0924
application	0442
appreciate	0803
approach	0726
aquarium	0666
area	0139
argue	1001
arrange	0805
arrest	0815

B

arrive	0040
article	0539
asleep	0484
assistant	0852
astronaut	0834
athlete	0644
Atlantic	0591
atmosphere	0855
attack	0426
attend	0409
attention	0332
attitude	0867
attract	0117
audience	0561
audio	0687
author	0643
available	0187
avenue	0662
average	0439
avocado	0056
avoid	0722
awake	0684
award	0921
awful	1087

babysit	0820
backyard	0463
bake	0124
bakery	0058
balance	0413
balanced	0891
ballet	0839
bar	0470
bark	0816
basic	0590
battery	0544
bear	0127
beat	0727
beauty	0860
beetle	0872
beginner	0361
behavior	1055
behind	0498
believe	0027
belong	0602
below	0800
besides	0898
beyond	0799
bill	0230
billion	0851
biology	0838
bite	0221
blanket	0841
block	0502
blow	1014
boarding	0846
bonus	0670
bookshelf	0873
boring	0385
borrow	0031
boss	0646
bother	0416
bottle	0061
bottom	0448
boyfriend	0535
branch	0861

C

brand	0555
brand-new	0688
brave	0892
breathe	0609
bright	0488
British	0376
broadcast	0512
build	0014
burn	1008
business	0066
button	0656

calculator	0866
calm	0886
campus	0468
cancel	0043
capital	1054
care	0018
career	0455
careful	0374
carefully	0396
careless	0893
carry	0034
cart	0343
cash	0562
castle	0731
cause	0130
celebrate	0306
center	0331
central	0291
century	0239
ceremony	0850
certain	0582
certainly	0295
challenge	0461
championship	0559
chance	0143
change	0012
channel	0668
character	0547
charity	0246
chat	0801
cheap	0284
check	0013
cheer	0614
chef	0457
chemical	0836
chemistry	0338
childhood	1056
choice	0657
choose	0038
Christian	0689
citizen	1061
classical	0683
cleaner	0253
clear	1081
clearly	0399
clerk	0844
climate	0550
climb	0203
clinic	0843
close	0081
closet	0560
clothes	0141
clothing	0350
coach	0543

D

coast	1046
collect	0104
colorful	0386
combine	0610
comfortable	0478
comment	0874
commercial	0856
common	0474
communicate	0329
community	0235
compete	0405
complete	0411
completely	0696
concentrate	1002
concern	0723
condition	1050
confident	0879
confuse	0510
congratulation	0849
connect	0401
consider	0922
consist	1010
contact	0408
contain	0724
continue	0312
control	0601
convenience	0441
convenient	0390
conversation	0654
copy	0106
corner	0449
correct	0489
cost	0020
cough	0362
count	0505
counter	0658
countryside	1048
couple	0333
coupon	0542
cover	0308
co-worker	0252
crash	0611
create	0108
credit	0460
crime	1051
crowd	0268
crowded	0679
curious	0882
custom	0655
customer	0065
cute	0587
cycle	0810

daily	0586
damage	0126
danger	0553
dangerous	0183
date	0205
dead	0881
debate	0566
decide	0002
decorate	0414
decrease	0720
deeply	0599
degree	1052
delay	1003
delicate	0887
delicious	0084
deliver	0219
dental	0682

☐dentist 0568
☐department 0168
☐depend 0728
☐describe 0019
☐desert 0336
☐design 0115
☐designer 0857
☐dessert 0240
☐destroy 0603
☐detail 0548
☐develop 0309
☐diamond 1035
☐die 0319
☐diet 0862
☐different 0073
☐difficult 0078
☐dig 0817
☐direct 1088
☐direction 0270
☐director 0437
☐disappear 0729
☐disappoint 0605
☐disaster 0868
☐discount 0231
☐discover 0311
☐discovery 0358
☐discuss 0428
☐discussion 0659
☐disease 0835
☐dislike 0811
☐display 0404
☐distance 0435
☐disturb 0607
☐diver 0536
☐divide 0818
☐document 0847
☐double 0681
☐download 0807
☐downtown 0492
☐draw 0226
☐dress 0133
☐drop 0202

E

☐earn 0612
☐earth 0250
☐earthquake 1059
☐easily 0191
☐edge 0863
☐education 0837
☐effect 1043
☐effort 0549
☐Egypt 0645
☐either 0285
☐elderly 0581
☐electric 0584
☐electronic 0580
☐electronics 0671
☐elementary 0392
☐elevator 0372
☐else 0192
☐emergency 0464
☐emotion 0848
☐employee 0639
☐empty 0878
☐encourage 0719
☐enemy 0864
☐energy 0641
☐engine 0650
☐engineer 0845
☐enough 0076

☐enter 0328
☐entertainment 1062
☐entrance 0653
☐envelope 0858
☐environment 0070
☐equal 0685
☐equipment 0647
☐escape 0615
☐especially 0595
☐essay 0664
☐Europe 0260
☐even 0087
☐event 0054
☐eventually 0897
☐exact 0880
☐exactly 0697
☐examination 0429
☐excellent 0379
☐except 0497
☐exchange 0201
☐excuse 0045
☐exercise 0060
☐exhibit 0804
☐exist 0812
☐expect 0424
☐expensive 0077
☐experience 0229
☐expert 0640
☐explain 0129
☐explore 0406
☐explorer 0663
☐express 0211
☐extra 0475
☐extremely 1095

F

☐face 0313
☐fact 0167
☐factory 0541
☐fail 0403
☐fair 0164
☐familiar 0883
☐fan 0255
☐fantastic 0884
☐far 0091
☐fare 1064
☐fashion 0458
☐fat 0877
☐fault 1065
☐favor 0465
☐fear 1047
☐feature 1066
☐fee 0349
☐feed 0217
☐female 0585
☐fever 0467
☐few 0079
☐fight 0521
☐figure 0859
☐file 0672
☐fill 0131
☐film 0304
☐finally 0296
☐fire 0050
☐firefighter 0173
☐firework 0363
☐fisherman 0854
☐fit 0305
☐fitness 0665
☐fix 0102
☐flag 0364

☐flash 0819
☐flat 0888
☐flavor 0355
☐flight 0147
☐float 0813
☐flour 0570
☐flow 0814
☐follow 0116
☐following 0889
☐foolish 0894
☐force 0821
☐forecast 0869
☐foreign 0085
☐forest 0354
☐forever 0698
☐forget 0029
☐form 0232
☐forward 0197
☐frame 1063
☐freedom 1060
☐freeze 0806
☐freezing 0895
☐fresh 0383
☐friendly 0377
☐front 0137
☐frozen 0290
☐full-time 1077
☐furniture 0870
☐further 1093
☐future 0059

G

☐gain 0412
☐gallery 0440
☐garbage 0064
☐gasoline 0842
☐gate 0179
☐gather 0415
☐generation 0840
☐giant 0690
☐gift 0265
☐goal 0456
☐goods 0172
☐government 0242
☐grade 0160
☐gradually 0896
☐graduation 0865
☐grandparent 0256
☐grass 0344
☐greet 0606
☐grill 0504
☐grocery 0348
☐ground 0367
☐grow 0023
☐guard 0506
☐guess 0107
☐guest 0236
☐guide 0039

H

☐habit 0853
☐handle 0808
☐handsome 0890
☐hang 0613
☐happen 0037
☐happiness 0875
☐hardly 0900
☐harm 0920
☐harmful 0583
☐harmony 0960

☐harvest 0669
☐hate 0418
☐headache 0667
☐headphone 0564
☐health 0259
☐healthy 0180
☐heater 0567
☐heavily 0495
☐helpful 0588
☐herb 0673
☐hero 0571
☐hidden 0994
☐hide 0212
☐highway 0752
☐hire 0423
☐hit 0508
☐hold 0103
☐homestay 0451
☐honest 0991
☐honey 0049
☐honor 1067
☐hopefully 0796
☐horizon 0958
☐horn 0760
☐housework 0365
☐however 0086
☐hug 0419
☐huge 0381
☐human 0283
☐hunt 0503
☐hurt 0030
☐husband 0175

I

☐ID 0360
☐idea 0047
☐ignore 0716
☐ill 1082
☐image 0932
☐imagination 0757
☐imagine 0710
☐immediately 0996
☐importance 0556
☐important 0074
☐impression 0761
☐improve 0326
☐include 0327
☐increase 0822
☐indeed 1094
☐independent 0785
☐indoors 0597
☐influence 0945
☐information 0048
☐insect 0157
☐inside 0098
☐insist 0901
☐instance 0737
☐instant 0992
☐instead 0090
☐instruction 0557
☐instructor 0738
☐instrument 0248
☐interest 0545
☐international 0483
☐Internet 0046
☐interview 0216
☐introduce 0206
☐invent 0620
☐invention 0337
☐invitation 0522
☐invite 0036

☐ island	0171	☐ male	0592	
☐ issue	1049	☐ mall	0158	
☐ item	0176	☐ manage	0725	

J

☐ jazz	0269	☐ manager	0927	
☐ jellyfish	0452	☐ manual	1036	
☐ join	0022	☐ market	0163	
☐ journey	0565	☐ marry	0210	
☐ judge	0704	☐ match	0254	

O

☐ objection	0754
☐ observe	0832
☐ offer	0041
☐ officer	0340
☐ official	1080
☐ Olympics	0466
☐ once	0393
☐ online	0088
☐ operation	0949
☐ opinion	0736
☐ opportunity	0934
☐ opposite	1085
☐ orchestra	0178
☐ order	0007
☐ ordinary	0985
☐ organization	0928
☐ organize	0621
☐ origin	0962
☐ originally	0791
☐ other	0072
☐ outdoors	0398
☐ outside	0089
☐ oven	0359
☐ overcome	0833
☐ own	0082
☐ owner	0233
☐ oyster	0974

K

☐ ketchup	0755
☐ keyboard	0746
☐ kid	0335
☐ kill	0132
☐ knee	0546
☐ knit	0906
☐ knock	0718
☐ knowledge	0554

☐ material	1044
☐ matter	0446
☐ mayor	0935
☐ meal	0150
☐ mean	0324
☐ measure	0427
☐ medicine	0153
☐ melt	0903
☐ membership	0540
☐ memorize	0706
☐ memory	0538
☐ mention	1012
☐ metal	0926
☐ method	0733
☐ middle	0551
☐ midnight	0944
☐ might	0300
☐ million	0247
☐ mind	0325
☐ miracle	0972
☐ miss	0119
☐ mistake	0249
☐ mixed	0783
☐ modern	0473
☐ moment	0341
☐ mostly	0493
☐ move	0009
☐ mystery	0929

P

☐ pace	0975
☐ Pacific	0373
☐ pack	0622
☐ package	0274
☐ pain	0941
☐ paint	0105
☐ palace	0764
☐ park	0006
☐ particular	0980
☐ partner	0745
☐ part-time	0288
☐ pass	0118
☐ passage	0053
☐ passenger	0930
☐ past	0186
☐ paste	0717
☐ path	0575
☐ patient	0775
☐ pause	0963
☐ pay	0010
☐ penalty	0976
☐ percent	0453
☐ perfect	0189
☐ perform	0208
☐ performance	0237
☐ perhaps	1096
☐ person	0174
☐ personal	0780
☐ photocopy	0765
☐ photograph	0950
☐ photographer	0469
☐ photography	0563
☐ phrase	0626
☐ physically	0797
☐ pick	0026
☐ piece	0273
☐ planet	0277
☐ plant	0016
☐ plastic	0142
☐ platform	0569

L

☐ lack	1006
☐ land	0152
☐ laptop	0777
☐ lately	0299
☐ later	0095
☐ laughter	0971
☐ laundry	0471
☐ lawyer	0961
☐ lay	0501
☐ lead	0617
☐ least	0481
☐ leather	0762
☐ leave	0005
☐ lecture	0956
☐ lend	0316
☐ less	0190
☐ let	0001
☐ level	0933
☐ license	0334
☐ lie	0513
☐ lifeguard	0763
☐ lifestyle	0454
☐ lift	0507
☐ likely	1079
☐ lime	0753
☐ limit	0827
☐ liquid	0938
☐ lobster	0572
☐ local	0083
☐ location	0940
☐ lock	0919
☐ lonely	0486
☐ lose	0008
☐ loud	0292
☐ lower	0825
☐ luck	0462
☐ luckily	0397

N

☐ narrow	0788
☐ nation	0750
☐ national	0476
☐ nationality	0876
☐ native	0378
☐ natural	0982
☐ naturally	0997
☐ nature	0170
☐ nearby	0380
☐ nearly	0494
☐ necessary	0981
☐ negative	0984
☐ neighbor	0177
☐ neighborhood	0339
☐ neither	0499
☐ nephew	0772
☐ nervous	0389
☐ network	0558
☐ nicely	0596
☐ niece	0973
☐ noise	0369
☐ noisy	0779
☐ none	0500
☐ nonsmoking	0786
☐ normal	0482
☐ note	0263
☐ notice	0135
☐ novel	0243
☐ nowadays	0195
☐ nut	0574

Q

☐ quality	0936
☐ quickly	0097
☐ quiet	0677
☐ quit	0515
☐ quite	0693

M

☐ ma'am	0055
☐ mad	0993
☐ magic	0293
☐ main	0382
☐ major	1004
☐ majority	0939
☐ makeup	0573

☐ playground	0276
☐ pleasant	1086
☐ poem	0241
☐ pole	0766
☐ police	0161
☐ policy	0742
☐ polite	0988
☐ politician	0767
☐ poorly	0793
☐ popularity	0964
☐ population	0931
☐ position	0748
☐ possible	0479
☐ pour	0509
☐ practice	0017
☐ praise	0965
☐ prayer	0977
☐ prepare	0125
☐ presentation	0146
☐ president	0257
☐ press	0511
☐ pretend	1015
☐ pretty	0294
☐ prevent	0824
☐ price	0166
☐ pride	0966
☐ principal	0450
☐ print	0315
☐ printer	0951
☐ private	0589
☐ prize	0162
☐ probably	0092
☐ produce	0224
☐ product	0149
☐ professional	0286
☐ professor	0244
☐ profit	1026
☐ project	0245
☐ projector	0978
☐ promise	0303
☐ promote	0830
☐ protect	0213
☐ public	0375
☐ publish	0425
☐ pull	0320
☐ puppy	0758
☐ pure	0989
☐ purpose	0552
☐ purse	0959
☐ push	0321
☐ puzzle	0749

R

☐ race	0069
☐ rainbow	0756
☐ raise	0407
☐ rank	0957
☐ rarely	0998
☐ rate	1057
☐ rather	0691
☐ raw	1089
☐ reach	0302
☐ reaction	0967

real	0477	sample	0744	spell	0713	throw	0134
reality	0942	sauce	0447	spelling	1032	thunderstorm	1034
realize	0317	sausage	0533	spice	0769	tight	0782
reason	0228	save	0024	spicy	0388	title	0529
receipt	0955	scare	0422	spider	0532	tool	0238
receive	0214	scared	0578	spill	1011	topic	0271
recent	0480	scarf	0629	spot	0528	total	0770
recently	0194	scary	0387	spread	0218	totally	1090
recipe	0138	scene	0740	square	1076	touch	0421
recognize	0828	scenery	0751	staff	0346	tough	1072
recommend	0120	schedule	0368	stair	0628	tour	0068
recycle	0207	science fiction	0530	stand	0301	tourist	0330
reduce	0823	score	0264	state	0443	tournament	0527
refer	1007	screen	0433	statement	1045	toward	1100
refresh	0902	seafood	0534	statue	0773	track	1030
refrigerator	0472	search	0220	steal	0215	trade	0222
regret	1016	secret	0635	stick	0910	tradition	0526
regular	0487	section	0165	stomach	1037	traditional	0281
relative	0459	seed	0151	storm	0370	traffic	0345
relax	0112	seek	0904	straight	0794	train	0003
relaxing	0490	seem	0128	strength	0632	training	0351
release	0923	seldom	1000	stressful	1069	translate	0520
remain	0829	select	0625	stretch	0307	trap	0911
remember	0042	semester	0633	style	0741	trash	0523
remind	0516	sense	0627	subway	0357	travel	0004
remove	0410	separate	0517	succeed	0916	treatment	1017
rent	0122	serious	0674	success	0524	trend	1023
rental	0943	serve	0121	successful	0188	trick	0537
repair	0044	service	0063	suddenly	0792	trouble	0067
replace	0618	set	0035	suffer	0908	truck	0353
reply	0707	several	0576	suggest	0111	true	0181
report	0028	shadow	0969	suit	0262	trust	0701
request	0831	shake	0322	suitable	1075	turn	0021
require	0619	shape	0314	summary	1033	tutor	0747
rescue	0519	share	0225	sunlight	1053	twice	0692
research	0430	sheet	0948	sunshine	0636	type	0057
researcher	0925	shelf	0371	supply	0914	typical	0784
resemble	0907	shelter	0947	support	0420		
reservation	0154	shoot	0711	suppose	0402	**U**	
reserve	0114	shopper	0436	surf	0909	unfortunately	0491
residence	0768	shortly	0999	surface	1024	unfriendly	1078
respect	0624	shrimp	0953	surprise	0032	uniform	1020
rest	0266	shy	0990	surprisingly	1091	unique	0781
restroom	0946	side	0234	survey	1018	unless	1097
result	0136	sight	0445	survive	0915	unlike	1098
retire	0417	sign	0062	swing	0714	unusual	1083
return	0110	signal	0937	switch	0912	upset	0623
review	0514	silence	0637	sword	1041	upstairs	0795
rhythm	0952	similar	0287	symbol	1028	usual	0384
ring	0705	simple	0986				
rise	0826	sincerely	0790	**T**		**V**	
risk	0630	sink	1009	tablet	0735	valuable	0577
roast	0995	site	0734	task	1031	value	0638
rock	0342	situation	0052	taste	0101	various	0776
role	1068	sketch	0979	teammate	0275	vegetable	0051
roll	0739	skill	0145	teamwork	0634	version	0771
round	0678	skip	0712	tear	0917	victory	1040
row	0759	slide	0905	technique	0438	view	0267
rule	0169	smart	0983	technology	0261	violent	0778
rumor	0968	smartphone	0159	teenager	0631	visitor	0140
rush	0743	smell	0204	temperature	1022	volume	1042
Russian	0282	smoker	0970	temple	1019	volunteer	0033
		snake	0347	terrible	0676	vote	0918
S		soldier	0774	theme	1038		
safe	0185	solve	0310	therefore	0298	**W**	
safety	0525	sometime	0694	thick	1074	wait	0011
sail	0708	somewhere	0196	thin	1070	wake	0123
sale	0144	souvenir	0954	though	0093	wallet	0272
salmon	0732	space	0155	thought	1039	wallpaper	0258
salon	0278	special	0075	throat	1025		
salty	0987	specialize	0913	through	0200		
		specific	1084				

□warn 0702
□waste 0616
□wave 0709
□wealthy 0675
□web 1029
□weekday 0531
□weigh 0703
□weight 0356
□well-known 1073

□whatever 0699
□wheel 0148
□whenever 0600
□while 0100
□whoever 0700
□whole 0289
□wide 0391
□wild 0184
□win 0025

□wipe 0518
□wish 0209
□within 1099
□without 0199
□wonder 0318
□wood 0227
□wooden 0787
□workplace 1027
□worry 0015

□worth 1071
□wrap 0715
□wrongly 1092

Y

□yet 0096
□yoga 0352

熟語編

A

□A as well as B 1207
□A, B, and so on 1267
□a bunch of ~ 1465
□a couple of ~ 1191
□a few ~ 1103
□a number of ~ 1180
□a pair of ~ 1297
□a piece of ~ 1161
□a variety of ~ 1185
□across from ~ 1302
□add A to B 1230
□after a while 1303
□after all 1330
□against one's will 1367
□ahead of ~ 1466
□(all) by oneself 1196
□all the time 1322
□all the way 1454
□all (the) year round 1276
□along with ~ 1187
□another ~ minutes 1419
□appeal to ~ 1368
□apply for ~ 1216
□as a result of ~ 1447
□as ~ as possible 1250
□as if... 1420
□as long as ... 1448
□as soon as ... 1236
□as usual 1498
□as well 1156
□as you know 1292
□ask for ~ 1181
□at a time 1259
□at first 1117
□at least 1184
□at length 1370
□at the end of ~ 1362
□at (the) most 1369
□at the risk of ~ 1371
□at the (very) moment 1271

B

□be about to do 1277
□be afraid of ~ 1134
□be against ~ 1349
□be aware of ~ 1445
□be away 1304
□be based on ~ 1313
□be busy with ~ 1421
□be capable of doing 1372
□be different from ~ 1172
□be expected to do 1467
□be free from ~ 1373
□be full of ~ 1339
□be grateful for ~ 1374

□be impressed with ~ 1468
□be in danger 1469
□be in the hospital 1194
□be in trouble 1275
□be independent of ~ 1375
□be injured 1456
□be involved in ~ 1449
□be jealous of ~ 1376
□be made from ~ 1295
□be out of order 1377
□be out of the question 1378
□be over 1293
□be poor at ~ 1379
□be popular with ~ 1210
□be proud of ~ 1337
□be ready for ~ 1147
□be ready to do 1422
□be related to ~ 1321
□be responsible for ~ 1268
□be said to be ~ 1470
□be satisfied with ~ 1471
□be sick in bed 1358
□be sick of ~ 1380
□be similar to ~ 1204
□be sold out 1338
□be sure of ~ 1381
□be sure to do 1208
□be tired from ~ 1423
□be tired of ~ 1463
□be typical of ~ 1278
□be unable to do 1472
□be used to doing 1105
□be worried about ~ 1120
□because of ~ 1109
□before long 1260
□break down 1450
□break up ~ 1382
□bring back ~ 1314
□bring up ~ 1383
□by accident 1457
□by chance 1261
□by far 1342
□by heart 1384
□by mistake 1248
□by nature 1269
□by the end of ~ 1324
□by the side of ~ 1279
□by the time ... 1219

C

□call (A) back 1237
□care about ~ 1385
□carry out ~ 1446
□catch up with ~ 1473
□change one's mind 1464
□check in 1220
□check out 1350
□cheer A up 1499
□clean up (~) 1129

□come across ~ 1458
□come down 1224
□come out 1158
□come to life 1280
□come true 1361
□come up with ~ 1183
□compare A with B 1281
□complain about ~ 1231
□cut down ~ 1258
□cut off ~ 1282

D

□decide on ~ 1195
□depend on ~ 1316
□do A a favor 1283
□do A good 1118
□do nothing but do 1403
□do the laundry 1284
□do well 1166
□do without ~ 1386
□dress up 1424
□drop by (~) 1285
□due to ~ 1217

E

□each other 1116
□eat out 1425
□either A or B 1426
□... enough to do 1252
□even if ... 1167
□except for ~ 1175
□exchange A for B 1262

F

□fall asleep 1205
□fall down 1299
□far away 1124
□far from ~ 1146
□feel at home 1387
□feel like doing 1215
□feel sorry for ~ 1388
□fill out ~ 1245
□fill up ~ 1326
□find out ~ 1127
□focus on ~ 1286
□for a change 1389
□for a minute 1427
□for a while 1323
□for free 1179
□for fun 1256
□for instance 1244
□for long 1331
□for sure 1343
□for the first time 1214
□from now on 1474

G

☐ get A to do 1110
☐ get along with ~ 1475
☐ get away from ~ 1390
☐ get better 1164
☐ get in ~ 1340
☐ get lost 1150
☐ get married (to A) 1133
☐ get on ~ 1229
☐ get out of ~ 1305
☐ get over ~ 1476
☐ get ready for ~ 1177
☐ get rid of ~ 1317
☐ get together 1341
☐ give A a ride 1359
☐ give up (~) 1190
☐ go ahead 1254
☐ go into ~ 1188
☐ go on a tour 1428
☐ go out 1287
☐ go out of business 1429
☐ go over ~ 1225
☐ go through ~ 1477
☐ go to the doctor 1238
☐ go wrong 1332
☐ graduate from ~ 1209
☐ grow up to be ~ 1247

H

☐ had better do 1478
☐ hand in ~ 1444
☐ happen to do 1145
☐ have a baby 1151
☐ have a chance to do 1306
☐ have a sore throat 1430
☐ have enough A to do 1136
☐ have fun 1160
☐ have time for ~ 1232
☐ have time to do 1135
☐ head for ~ 1391
☐ hear from ~ 1233
☐ help A (to) do 1111
☐ help A with B 1149
☐ hold on 1325
☐ hope for ~ 1479
☐ how far ... 1360

I

☐ in a group 1239
☐ in a hurry 1265
☐ in a minute 1300
☐ in a sense 1392
☐ in addition to ~ 1263
☐ in advance 1480
☐ in charge of ~ 1459
☐ in conclusion 1451
☐ in contrast 1393
☐ in fact 1126
☐ in line 1333
☐ in order to do 1142
☐ in other words 1327
☐ in particular 1312
☐ in public 1352
☐ in reality 1481
☐ in return (for ~) 1334
☐ in shape 1394
☐ in spite of ~ 1482
☐ in the beginning of ~ 1452
☐ in the end 1211

☐ in the long run 1483
☐ in the past 1121
☐ in time (for ~) 1266
☐ in turn 1328
☐ instead of ~ 1154
☐ introduce A to B 1228
☐ It takes (A) ... to do 1363

J

☐ (just) in case 1351

K

☐ keep an eye on ~ 1395
☐ keep (on) doing 1131
☐ keep one's promise 1396
☐ keep up with ~ 1222

L

☐ lead A to B 1484
☐ lead to ~ 1442
☐ leave ~ behind 1485
☐ leave for ~ 1318
☐ let ~ down 1344
☐ line up 1234
☐ live on ~ 1122
☐ look after ~ 1186
☐ look forward to doing 1274
☐ look like ... 1125
☐ look out 1486
☐ look over ~ 1221
☐ look through ~ 1353
☐ look up ~ 1128
☐ look up to ~ 1397
☐ lose control 1398
☐ lose one's balance 1399
☐ lose sight of ~ 1288

M

☐ make a difference 1487
☐ make a mistake 1264
☐ make a reservation 1148
☐ make a speech 1364
☐ make an appointment with A 1431
☐ make an effort 1460
☐ make friends with A 1294
☐ make oneself at home 1400
☐ make out ~ 1218
☐ make sense 1401
☐ make sense of ~ 1432
☐ make sure (that) ... 1251
☐ make up for ~ 1488
☐ make up one's mind 1345
☐ mean to do 1489

N

☐ name A after B 1500
☐ next to ~ 1159
☐ no longer ~ 1315
☐ no more than ~ 1433
☐ none of one's business 1402
☐ not A but B 1212
☐ not only A but (also) B 1240
☐ now that ... 1354

O

☐ of one's own 1355

☐ on board ~ 1490
☐ on business 1453
☐ on demand 1404
☐ on earth 1193
☐ on foot 1174
☐ on one's own 1434
☐ on one's way home 1301
☐ on one's way (to ~) 1199
☐ on purpose 1270
☐ on sale 1163
☐ on (the) average 1223
☐ on time 1143
☐ once a week 1298
☐ one of the ~ A 1168
☐ out of date 1405
☐ over and over (again) 1435

P

☐ participate in ~ 1406
☐ pass by ~ 1407
☐ pay attention to ~ 1461
☐ pay for ~ 1113
☐ pick A up 1139
☐ pick up ~ 1112
☐ play an important role in ~ 1491
☐ plenty of ~ 1356
☐ point out ~ 1329
☐ prefer A to B 1253
☐ provide A with B 1443
☐ put away ~ 1436
☐ put down ~ 1273
☐ put off ~ 1289
☐ put on ~ 1132
☐ put out ~ 1123

R

☐ reach out for ~ 1408
☐ rely on ~ 1462
☐ result in ~ 1320
☐ right away 1141
☐ run after ~ 1226
☐ run away 1296
☐ run into ~ 1307
☐ run out of ~ 1455

S

☐ search A for B 1170
☐ see A off 1437
☐ see if ... 1243
☐ see (to it) that ... 1144
☐ send out ~ 1272
☐ separate A from B 1409
☐ set up ~ 1182
☐ shake hands 1241
☐ show A around ~ 1366
☐ show A how to do 1198
☐ show off ~ 1290
☐ sleep well 1308
☐ so far 1206
☐ so ~ that ... 1115
☐ so that A can do 1162
☐ some other time 1309
☐ something ... to do 1365
☐ sound like ~ 1173
☐ speak up 1410
☐ spend A on B 1200
☐ stand by ~ 1411
☐ stand for ~ 1492
☐ stand out 1412

□start with ～ 1493
□stay away from ～ 1291
□stay in bed 1438
□stay up late 1497
□stop by (～) 1257
□succeed in ～ 1413
□such as ～ 1114
□suffer from ～ 1311

T

□take A back to B 1494
□take a bite 1414
□take a break 1249
□take A for B 1155
□take a look at ～ 1335
□take A out of B 1310
□take a seat 1439
□take after ～ 1346
□take care 1102
□take care of ～ 1101
□take off ～ 1176
□take one's time 1357

□take over ～ 1235
□take part in ～ 1130
□take place 1189
□tell A how to do 1242
□than usual 1201
□thank A for B 1119
□thanks to ～ 1171
□the first time ... 1140
□the last A to do 1153
□The point is (that)... 1415
□the same A as B 1255
□the way ... 1108
□these days 1106
□think about doing 1178
□throw away ～ 1165
□to one's surprise 1495
□to the point 1416
□together with ～ 1213
□too ... to do 1107
□translate A into B 1192
□try on ～ 1197
□try one's best 1440
□turn down ～ 1227

□turn off ～ 1157
□turn on ～ 1319
□turn out to be ～ 1347

U

□up to ～ 1203
□used to do 1104

W

□walk around ～ 1202
□watch out for ～ 1496
□what to do 1152
□when to do 1441
□where to do 1169
□whether ... or not 1336
□with care 1417
□with luck 1348
□without fail 1418
□work for ～ 1137
□work on ～ 1138
□would like A to do 1246